Magic Course Design Cube
A Must-have Tool for Internal Trainers

课程开发魔方

内训师轻松开发课程6面法

何 平 ◎著

图书在版编目（CIP）数据

课程开发魔方：内训师轻松开发课程 6 面法 / 何平著 . —北京：机械工业出版社，2022.8

ISBN 978-7-111-71682-2

I. ①课… II. ①何… III. ①企业管理 – 职工培训 IV. ① F272.921

中国版本图书馆 CIP 数据核字（2022）第 178875 号

本书是一本帮助企业内训师逐步开发出精品课程的辅导手册，系统阐述了新一代课程设计与演绎的"课程开发魔方"模型，包括目标、组织、内容、教学、辅助与呈现 6 个方面，涵盖了 17 种实操工具，实用好学、容易上手，同时还可以帮助企业建立课程开发体系与标准。

课程开发魔方：内训师轻松开发课程 6 面法

出版发行：机械工业出版社（北京市西城区百万庄大街 22 号　邮政编码：100037）	
责任编辑：岳晓月　单元花	责任校对：张亚楠　李　婷
印　　刷：河北宝昌佳彩印刷有限公司	版　次：2023 年 2 月第 1 版第 1 次印刷
开　　本：170mm×230mm　1/16	印　张：13.5
书　　号：ISBN 978-7-111-71682-2	定　价：69.00 元

客服电话：（010）88361066　68326294

版权所有 • 侵权必究
封底无防伪标均为盗版

"魔方好课研究项目专家委员会"专家委员

(按照姓氏字母排序)

曹淇淞（"公文写作之笑傲江湖"版权课程开发者，习惯设计游戏《习惯侠》创始人）

陈诗彤（结构思考力研究中心高级讲师，国际职业技术标准认定委员会《培训师》专业测评导师）

船　长（商业即兴引导师，麻辣即兴创始人）

郭　龙（企业内训师培养专家，"课程开发六脉神剑"版权课程开发者）

京米粒（亲子故事养育家，视觉表达品牌"京米粒视觉星球"创始人）

骆　轩（组织学习与人才发展专家，领导力与生涯教练）

石　超（知创圈创始人，华为经验萃取外部顾问）

肖　兴（抖音"小鱼微课"知识博主，《微课开发》《直播培训》作者）

徐　捷（知识萃取专家，《深度阅读》作者）

杨　旭（MTP管理技能发展训练专家，2019"我是好讲师"系列大赛全国总决赛三十强讲师）

张　帆（内训师大赛冠军导师，"向长征学问题分析"版权课程开发者）

郑佳雯（央视少儿频道《极速少年》心理专家，2017年全国好讲师"我有好课程"大赛全国十强）

赞 誉

开发课程，是企业知识沉淀的主要方式之一。好课程，既要有好内容，还要有好形式，更重要的是要有好效果。何平老师介绍的课程开发方法，简单、实用、可操作性强，值得一看。

——安秋明　阿里巴巴原资深专家，原淘宝大学、支付宝大学负责人

我曾经说过，"最珍贵的不是我们现在有多好，而是未来每一天我们会更好"，当看到何平老师的新书时，我想说，"最珍贵的不是站在台上作为培训师的你有多好，而是未来每一天你的学员会更好"。这是一本培训师修为转变之书，从渴望学员给掌声到为学员改变做贡献的书，"有点意思"！

——陈序　51coach智遇创始人，五维教练领导力©创始导师

课程开发能力是学习与绩效管理从业人员的基本功和看家本领。本书是课程开发的实战指南，作者积十几年跨界培训之功，熟知同

业者的困惑，因此有针对性地提供了一套行之有效的方法、工具，授之以渔，帮助内训师开发出"实用、多元、轻松"的好课程。

——常亚红　《培训》杂志副主编

何平老师跟我分享他的新书时，我惊叹他四年著三本书的速度，也有点儿担心全书的专业质量，但阅毕，疑虑完全消失了。本书详细完整地介绍了课程开发的实用方法，并创造性地提出了"课程开发魔方"概念，让课程开发变得更实用、更多元和更轻松。推荐本书给内训师、职业培训师乃至想分享自己经验智慧的朋友，它会是你成人达己路上的良师益友。

——陈志云　华西希望特驱集团副总裁

从《学习的答案》到《课程开发魔方》，何平老师为我们精准地总结出抵达"对岸"的路径。沉淀、纳新、勤奋、博学，何平老师总是有精彩的惊喜呈现！

——董莉萍　四川时誉集团副总裁、四川时誉人力总经理

你是内训师吗？你想成为一名优秀的内训师吗？你是否讲了很多课，但经常感到没有什么效果呢？我发现了一个内训师宝典要和大家分享。我的好朋友、学习家何平运用丰富的培训理论和实战讲授经验，著成了本书。这是一本实用、多元、轻松的课程开发工具书，相信一定可以帮助你解决培训中遇到的困惑，让你的培训如虎添翼。

——侯锡勇　中国石油销售公司内训师

感谢何平老师让我在新书出版前就有机会看到它，特别令人开心和兴奋。新书给我的感受：快，何平老师每年都给自己拟定目标，在纷繁变化中执着前行，现在出版的是他的第三本书，他是个有信念的行动家；实，何平老师将自己十几年的跨界工作经验梳理凝结，本书对培训课程的开发来说颇有新颖性和实用性，何平老师是个有

追求的学习家；心，针对不同的读者群体，何平老师用心给出导读方案，将传统的教学与流行的培训用魔方组合的方式相融合，何平老师是个有艺术的工作家。

——姜焰　全球生涯教练（BCC）

今天很多培训师依然是填鸭式授课，对学员进行灌输。然而，真正的教学要为学员的改变负责，要为他们赋能，要上接战略、下接绩效！何平的这本新书从课程开发入手，其大量的实战经验和独特的思想见解，一定能为各位内训师带来不小的启发。愿你与这本书、与他并肩前行。

——田俊国　著名实战派培训专家、领导力专家，
北京易明管理咨询有限公司创始人

初识何平老师，是在一次培训会上，他给我的第一印象是一位亲切儒雅且热爱学习的专家。他热爱培训，热爱钻研，对学习的热忱让我自叹不如。有幸拜读他的新书，该书很系统、很详细地介绍了开发课程的方法，干货十足，诚意满满。各位热衷于培训的同路人，还不赶紧将此书收入囊中！

——王雯佳　东原集团华西区域人才发展负责人

作为一名培训管理者，多年与何平老师进行内训合作，一直被他的专业、严谨与自律感动。何平老师对学习效能提升有深入的研究，出版过《学习的答案》，本书更是结合了何平老师近20年的内训经验所著，是一本培训管理者和想从事培训讲师工作的朋友们最直接的工具书。本书将像魔方一样，为我们打开色彩斑斓的内训师课程开发的新天地。

——肖红梅　中国移动四川分公司高级内训师

读书点亮生活，培训长青基业。授课并不是一个人照着PPT念

完那样简单，如果你在格子间内心有不甘，如果你业绩突出想转型提升，如果你在课堂上声嘶力竭却收效甚微，那就一定要走进何老师这本书，它不一定有你需要的一切，但一定能让你找到同行的好友。何平老师，就是一位值得信赖的好友。

——徐捷　知识萃取专家、《深度阅读》作者

何平老师的这本书有魔法！它不仅是一本适合企业内训师学习的简单、易行、有效的专业书，也是一本能让大家轻松阅读、开阔视野、拓展思维的手册！它的独到之处和最大价值是把"形而上"的课程开发转化成实实在在的、极具操作性的方法和技术。这些方法和技术既有教育学、心理学等理论根基，又有何平老师多年实践的感悟和经过实践验证的工具。这是一本好书，推荐！

——子含　某国有金融企业人力资源部高级经理

《课程开发魔方》里的宝藏，除了拿来即用的工具17件套，还加载了各种还原真相的场景。同时，书中用了大量隐喻与典故，让工具书也可以变得有趣、好玩儿。相信这本书一定能助力内训师思维破框、培训破局。另外，如果与作者深度交流，你可以感知学习"上瘾"是一种怎样的奇妙体验。

——陈丽　广州森鼎企业管理咨询创始人、深圳沃思创新研究中心合伙人

学习家何平老师就像这本书一样自带能量场，你总是能被他身上无形中展现出的学习气质所吸引。书中诙谐幽默接地气的文字、各种拿来即可落地使用的工具，就像一位导师随时在手把手教你，能够让作为内训师的你有足够的安全感和信心，系统掌握内部培训为何而战，如何战。认真研读和不断实践之后，相信内训师们能更有效地提升自己在企业发展战略中的价值。

——Amanda　纬创资通（成都）有限公司行政暨人力资源处资深经理

| 前 言 |

一本"实用、多元、轻松"的课程开发工具书

你遇到过这样的困惑吗?

(1)在开展培训时,经常感到无力,讲了很多课,但是没效果。

(2)喜欢分享,但不清楚一门好课程究竟应该从哪几个方面炼成。

(3)公司没有标准化的课程开发、培训师训练体系,缺乏可以立即上手的、实用的、简单的表单。

这些是我在和国企、外企、私企等内训师和培训经理广泛而深入的交流中,他们经常提到的问题,因此,我写了本书来分享我的做法。本书理论上结合了绩效改进技术等经典课程设计的方法论,品质上配套的"培训魔方:课程开发6面法"课程通过了国家版权

认证，效果上也经过多年全国培训师大赛的验证，相信通过边看边做，你一定会揭开以上3个问题的迷雾，最终懂培训（正确理念），会开发（优质课程），还能建（课程开发）体系。

本书与其他同类书相比有什么不同呢？这就要从我12年的跨界培训经验说起了。我担任过职业培训师、世界500强企业培训经理等多个学习角色，并都取得了不错的成绩，拿到过"全国百强讲师"称号，开发出了全国优秀课程，发起并运营了拆书帮、思碰头马俱乐部等7家学习社群，还出版了《学习的答案》《能力的答案》两本职场畅销书，可谓是实战里最跨界的、跨界里最善写作的、写作里最结合实战的人。相信本书一定会从"实战、跨界、写作"3个角度带给你不一样的启发和收获，帮助你"实用、多元、轻松"地开发出媲美国际版权课程的好课程。

为什么这样说呢？因为实战所以实用，我不会鹦鹉学舌般转述培训或教育领域的经典理论，而是用实战性案例告诉你实用的方法。因为跨界所以多元，我不会仅局限在教学和课程的常见概念里，而是帮助你打开组织、管理、社群等跨界视野，让你具备多元思维，通过条条大路提升学员绩效。因为写作所以轻松，正如我在多本书的写作里借鉴过很多经典图书的亮点，我也会教你如何站在经典图书的肩膀上轻松完成内容的构建。

本书是如何展开的呢？全书分为"导读"，以及从"目标"到"演绎"6个章节。"导读"主要解读了培训的定义，帮助你正确地认知企业培训，建立好课程开发的认知基础；第1章"目标"重点讲解了分析问题的吉尔伯特行为工程模型，帮助你在找准症结的基础上明确培训目标；第2章"组织"主要讲解了要影响公司高层等关键人物，使他们参与到课程整个项目中来，这样才能有效地实施培训课程，取得良好效果；第3章"内容"讲解了访谈法、读书法、知识点单元化、课程大纲编排等，帮助你实用地萃取标杆经验；第4

章"教学"讲解了基于库伯学习循环圈的教学活动、课程流程设计方法,帮助你简约地设计高效的教学活动;第5章"辅助"讲解了PPT等工具的使用,帮助你应用敏捷思想快速开发课程;第6章"演绎"讲解了培训师外在形象与内在信念的修炼方法,帮助你自信地进行课程呈现。

为什么书名里提及的是6面,而不是6步呢?这是因为这些方面并非有严格的前后顺序,而是灵活多变的,就像魔方并未有第一面的说法一样。以下是使用本书的3个路径:

(1)基于自身,用导读里的"平衡轮"做测试后,选择喜欢的章节阅读。

(2)基于课程,按照第1~6章的顺序使用,流程式地开发课程。

(3)基于学员,分层敏捷式地开发课程,见图P-1。

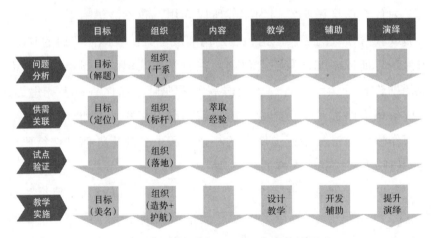

图 P-1　本书章节与敏捷式开发课程的关系

当公司有人提出"培训"需求时,首先要进行问题分析,召集相关人员(项目管理术语里的干系人)进行研讨,利用"目标"一章里"解题"一节的方法论,找出影响员工表现的真正原因。

如果确定是培训能解决的问题,也就是员工缺乏知识与技能,那么就进行供需关联，召集内外部标杆，按照"内容"一章进行经验萃取，确保培训目标定义明确，内容方法具体。

接下来不要急着开发课程，而是要试点验证方法的可行性，也就是说，按照"组织"一章中"落地"一节的方法组织潜在学员进行实践，看能否解决问题。

如果可以，就推广进行教学实施。先给课程取一个好名字，然后按照"组织"一章里的学习项目设计流程，按照"教学"一章设计匹配知识点的教学活动，按照"辅助"一章开发PPT等辅助工具，按照"演绎"一章提升授课内训师的演绎能力。

以上就是本书的简介，最后我借用《SAM课程设计与开发》一书的作者、著名教学设计专家迈克尔·艾伦的话补充说明，"教学的宗旨并不主要是提供信息，学习的宗旨也并不主要是理解这些信息，它们的目标是如何利用这些信息"。

我也希望本书不仅给大家提供一些易于理解的信息，还能为大家提供可以对自己的培训工作产生价值的工具。

快拿上工具上路吧，我在课程开发这条路上等你，我们一起前行！

何平

于成都双流机场

| 目 录 |

赞誉

前言 一本"实用、多元、轻松"的课程开发工具书

导读 魔方
INTRODUCTION 如何正确地认知企业培训   1
    一、正本：培训的定义   2
    二、魔方：培训魔方体系简介   9
    三、角色：内训师定位与能力模型   11
        工具1：内训师能力平衡轮表   14

第1章 目标
CHAPTER 1 如何清晰地明确培训目标   17
    一、解题：分析有价值需求的吉尔伯特行为工程
        模型   18

　　　　　工具 2：绩效差距真因分析表　　　　　　　　　22
　　二、定位：明确培训目标的行为四动词法　　　　　　25
　　　　　工具 3：课程目标与评估表　　　　　　　　　　28
　　三、美名：打响课程的名称四要素法与常见课程
　　　　　　体系　　　　　　　　　　　　　　　　　　30
　　　　　工具 4：课程名称设计表　　　　　　　　　　　32

第 2 章　组织
CHAPTER 2　如何有效地实施培训课程　　　　　　　　　35

　　一、造势：课前精心营造的 3 大势能　　　　　　　　37
　　　　　工具 5：课程造势表　　　　　　　　　　　　　47
　　二、护航：课中要全面把控的 3 件要事　　　　　　　48
　　　　　工具 6：课程护航表　　　　　　　　　　　　　51
　　三、落地：课后有效跟踪的 3 把钥匙　　　　　　　　52
　　　　　工具 7：课后跟踪表　　　　　　　　　　　　　59

第 3 章　内容
CHAPTER 3　如何实用地萃取标杆经验　　　　　　　　　63

　　一、挖掘：收集标杆经验的访谈法、读书法　　　　　65
　　　　　工具 8：经验萃取提问表①　　　　　　　　　　69
　　　　　工具 8：经验萃取提问表②　　　　　　　　　　72
　　二、重述：描述实用经验的"一个人"模型法　　　　79
　　　　　工具 9：课程方法表　　　　　　　　　　　　　83
　　三、编织：搭建课程大纲的三化法　　　　　　　　　90
　　　　　工具 10：表格式课程大纲　　　　　　　　　　101

第 4 章　教学
CHAPTER 4　如何简约地设计高效教学　　　　　　　　　103

　　一、学习：设计简约教学的教学三步法与反馈
　　　　　　飞刀　　　　　　　　　　　　　　　　　　104
　　　　　工具 11：反馈飞刀表　　　　　　　　　　　　116

二、活动：适配"知识、技能"的 12 类练习
活动 117
　　　工具 12：极简练习活动表 132
三、流程：快速架构课程流程的课程九宫格 132
　　　工具 13：课程九宫格 141

第 5 章　辅助
CHAPTER 5　如何快速地开发课程工具 145

一、模板：开发制作 PPT 的三形操作 147
　　　工具 14：基于课程九宫格的 PPT 模板 150
二、复用：开发易用、易改的 3 种手册 153
三、在线：开发在线问卷的四维要素和在线授课的 4 个推荐 160
　　　工具 15：调研问卷模板 164

第 6 章　演绎
CHAPTER 6　如何自信地进行课程呈现 169

一、接纳：接纳紧张的 9 个认知 172
　　　工具 16：接纳紧张表 180
二、呈现：锻造自信讲师范儿的 7 个维度 181
　　　工具 17：自信讲师七度演绎表 187
三、即兴：拥抱不确定性的 Yes and 187

结语 195

致谢 197

参考文献 199

课程开发一页纸

本着简约易用的原则，制作了"课程开发一页纸"，同时也可作为全书工具/模型概览。

章	节	核心提问	相关工具/模型
目标	解题	某问题是否由员工的知识、技能不足引起？	工具2：绩效差距真因分析表
目标	定位	学员课后将能做到以往做不到的什么事情？	工具3：课程目标与评估表
目标	美名	什么样的课程名称能吸引学员？	工具4：课程名称设计表
组织	造势	如何让领导支持课程？	工具5：课程造势表
组织	护航	如何收集课后反馈并优化课程？	工具6：课程护航表
组织	落地	如何考核学员的学习成果？	工具7：课后跟踪表
内容	挖掘	什么是优秀员工会做但一般员工不知道的？	工具8：经验萃取提问表
内容	重述	能否举例说明优秀员工是如何做的？	工具9：课程方法表
内容	编织	哪些知识点是学员急需的？	工具10：表格式课程大纲
教学	学习	如何提问，以让学员分享自己以往的做法？	工具11：反馈飞刀表
教学	活动	如何让学员现场实践？	工具12：极简练习活动表
教学	流程	如何激励学员进步，并确保其继续尝试？	工具13：课程九宫格
辅助	模板	如何借助已有的材料快速做PPT？	工具14：基于课程九宫格的PPT模板
辅助	复用	如何用一张纸总结知识点并给到学员？	无
辅助	在线	如何录制课程，以便于学员事后复习？	工具15：调研问卷模板
演绎	接纳	如何在上课前练习15遍？	工具16：接纳紧张表
演绎	呈现	如何着装，以让学员感到你很专业？	工具17：自信讲师七度演绎表
演绎	即兴	如何转课上一切情况为朝向目标的贡献？	无

INTRODUCTION

导 读

魔方

如何正确地认知企业培训

思 考

对你来说，培训是什么？

开发一门好课程，需要做哪些事情？

内训师需要具备什么能力？

还记得五六年前，我去一家建筑设计院面试，在交流中人力资源总监自豪地说，"我们的培训是员工的福利"。听到"福利"二字，我虽然表情并无二样，但内心十分诧异："福利这种说法不早就被淘汰了吗？不是说培训是投资吗？"

这引发我对"培训"这个词的思考。后来经历的多了，我发现培训特别像哆啦A梦的口袋，什么都能往里面装。业界有将培训营销化做得很成功的公司，有人将培训搞成了吃回扣的地方；有公司把培训部门定义为"背锅"的部门，也有公司花大笔的钱进行培训，从而成为走上发展高速路的实战派……

那"培训"到底是什么呢？在此我提出一个定义，它只代表我现在的看法，重要的是以此与你交流。

接下来我们通过"正本""魔方""角色"3节，帮助你在源头上确保培训有效果，弄清楚课程开发中要做哪些事，评估你当前课程开发的能力，最终明确方向，有的放矢地开展培训。期望在阅读之后，你能够说出培训的定义，画出培训魔方、画出自己的内训师能力平衡轮，写出下一步的练习计划。

一、正本：培训的定义

培训 = 转移知识、技能，协助员工改变行为，从而提升工作绩效的过程

小知是一名培训经理。一天，他被总经理叫到了办公室，总经理告诉他公司的生产出现了一些问题，产量出现下降，总经理让他赶紧跟进培训，避免耽误生产。

小知立即动身，去找业务部门负责人老王商量，看需要培训哪些课程。老王反问："现在市面上有哪些好课程呀？"小知立即联系了市面上的主要培训公司，要到了他们的培训课程清单。老王拿到单子后，勾选了"执行力""高绩效员工的责任心"之类自己熟悉的课程名字。然后，小知请来了课时费最高的老师讲课。上完课，员工很激动，说收获很大，可惜的是，产量问题仍旧没起色。总经理叫来小知，大骂了一通，说培训工作白浪费钱。

小知窝了一肚子火，但想不明白自己错在哪里了。

小知最主要的问题是没搞懂培训的定义，就冲动地展开培训。

培训圈有句名言：没有培训是万万不能的。但其实后面还有一句话：培训不是万能的。不知道是受"万般皆下品，唯有读书高"，还是"学习改变命运"的影响，人们普遍有一种误解，认为读书、学习、培训能解决很多问题，甚至所有问题，因此动不动就让培训"背锅"。要是培训真那么厉害，社会上就不需要警察了，派出所招聘培训师就行了，公司里也不要设置管理岗位了，除了基层员工就是培训经理。

什么是培训呢？培训能解决哪些方面的问题呢？培训的定义众说纷纭，这里我给出我的看法，希望对你有所启发。

在大多数企业里，"培训是转移知识、技能，协助员工改变行为，从而提升工作绩效的过程"（见图 0-1）。字字珠玑，我们一个个加以解读。

图 0-1　培训的定义

1. 转移

转移，是培训的形式。用"转移"二字，是指让学员习得标杆人物的可复制经验。

本书中，转移对应第 4 章"教学"。人脑不是电脑，不能直接拷贝，不会是一个老师讲了一遍知识点，学员就能记住，就会用，而是要遵循人类学习的原理开展教学。

2. 知识、技能

知识、技能，是培训的内容。它们也就是标杆人物身上的可复制经验。

说出不知，是为知；做到做不到，是为技。知识也就是"是什么"，比如概念、数据等；技能指的是"如何做"，比如流程、原则等。

具体来说，如果你不知道某个知识，那我可以通过教学让你知道甚至记住。比如，现在我们就在探讨"培训"两个字，我可以采用抽背考试、提炼比喻等训练，让你能够说出"培训"的定义。如果你不能运用某个技能，比如开发课程，那我可以采用写作文稿、纠正动作、评审等训练，让你能按照课程开发 6 面法，开发出自己的课程，输出课件等。

讲到这里都不难理解，但是我们往往会陷入一个误区——培训能改变学员的态度，一般老师都这么告诉你。

客观地说，这其实太高看企业内部培训了，说这话的老师也太自信了。江山易改，秉性难移，一个人的态度很难被影响。举个极端的例子，要是讲道理就可以改变一个人，那么吸烟的人就不会有那么多了。

我不是说绝对不可能，而是我们要现实一点儿，"恺撒的物当归给恺撒，上帝的物当归给上帝"。把态度改变，还是写入公司奖惩制度吧。

由此来看，很多课程开发项目在立项时，就注定了失败，铁定要

"背锅"。比如"规章制度培训",因为老员工违反了规章制度,领导说要加强培训,那么培训不会达到预期效果。一般情况下,难道员工不知道规章制度是什么吗?达不到要求,还能上岗吗?他们是知道的,也懂得怎么做,不然不会让他们上岗。

违反规章制度的原因,有时候是嫌麻烦,比如不走到吸烟区吸烟;有时候是做了也没被惩罚,比如肆意浪费食堂饭菜,把半盘饭菜倒进潲水桶也没人管;有时候是规章制度定出来就没有几个人能做到,比如动不动就用模糊的主人翁意识、责任心去要求员工。

因此,我们要明确培训、管理和领导的区别,履行好自己权限内的职责。培训只能确保课后学员记得住、做得出。如果学员在课下能够说出以往说不出的知识,掌握以往没掌握或掌握不好的技能,那就是合格完成任务了。保证未来不犯错,或者一定要实现某一高度的绩效,绝不是评价培训成功与否的标准。

类似健身,教练提供足磅的哑铃,教会你正确的动作,就可以称得上合格。但你说要教练保证你未来天天都想锻炼,还能瘦下来、壮起来,这就有点强人所难了。除非你投入足够的时间、金钱等资源。

3. 协助

"协助"阐释了培训的角色定位。一般培训不是主导,员工的绩效更多与员工的上级、公司流程、自身认知等相关。千万不要把培训太当回事了,想要去影响这个人、帮助那群人。

从责权利对等来说,培训的角色定位要与公司组织架构里培训部门的位置、培训负责人的岗级、公司年会表彰时培训负责人的站位、业绩突出被表彰的部门、发现问题被甩锅的部门等方面相匹配和一致。

我在商业授课中发现,凡是效果突出的培训,必定是从上到下地参与。比如,有一把手过问,培训成绩纳入绩效考核,学员的上级坐镇。总之,整体联动,参与到课程的每一个环节,一起去影响学员。

4. 改变行为

"改变行为"是培训的目标。衡量培训成功与否的最好、最简单的标准就是，学员在上课前后行为上有何改变。在这一点上，培训和学习是一体的，因为培训就是帮助一个人学习。

我在《学习的答案》里提到，学习公认的定义是，"人在生活过程中，通过获得经验而产生的行为或行为潜能的相对持久的行为方式"。其中一个词出现了3次，非常重要，那就是"行为"，因为只有行为才是可以被观察到的。

我们验证一个人是否真学习的唯一科学方式就是，让学习者以某种行为展示他学到了什么。

5. 提升工作绩效

切记，培训只是一种手段，提升绩效才是最终目的，不要为了培训而培训。凡是与绩效无关的培训都要去掉，不如用这些时间继续工作，甚至休息一下。

就开篇案例来说，小知开展培训的出发点是总经理叫他做培训。我们设想下，假设培训工作做到位了，就一定能解决产量问题吗？

答案是，绝对不能画等号，因为问题可能出在机器故障、原材料质量不佳、生产环境恶劣等培训不能改变的方面。

爱因斯坦说过，如果给他一个小时来解决一个问题，他会花55分钟来思考问题本身，花5分钟来思考解决方案。

因此，我们在开展培训之前，务必先分析问题，如果问题的症结在培训上，那么再来培训不迟。

6. 过程

"过程"指的是培训的时长与周期。要提升绩效，绝对不是一两次培训的事，十年树木、百年树人。如果做一两次培训就能提升绩效，要么原本问题太简单，要么和能力没关系。如果太急功近利追求产出，不如去做业务，去买彩票。

总之，别想在培训人才上快速出业绩。如果想一两天就看到变化，那么推荐你直接招聘优秀的人才，这样来得快。就像你想一两天就瘦下来，就不是"管住嘴、迈开腿"了，而是要直接抽脂了。

这里引用竞越创始人朱力老师的一段话：

培养人和解决企业实际问题的最终目的无疑是一致的，但有一个滞后的过程，做不到立竿见影。如果不去评价人的技能成长，老板们很容易"看不到"培训的价值，动摇老板对培训的支持……

例如，大家在网上搜索"金工实习"，很容易跳出"锤子"两个字。这是因为我国很多工科大学生的金工实习都是用5天时间做锤子。一个直径28毫米、长度105毫米的钢毛坯，先是被铣削加工成长方体，铣出倒角，再通过钳工的锯割、锉削、钻孔、攻丝等工序被加工成一把锤子。1980年—2020年，全国大学生做了1.2亿把不怎么样的锤子。锤子（质量）不怎么样，其实不重要，因为培养出了人。为什么是做锤子呢？大概是因为做锤子很多学科专家反复选定的最高效的学习活动。换成其他作业，要么没有必要地增加了难度，5天不够，降低了学习效率；要么难度不够，达不到预定的学习要求。

如若不是培养人才的需要，我们何苦花几天时间让一群外行来解决企业的真实问题呢？与相关专家相比，初学者对此毫无效益可言。真想要一把锤子的话，上京东买只需要13元；要是特别痴迷于私人定制，可以请师傅做，保证比大学生做快得多、好得多。

培训是一件重要但不紧急的事，正如通过运动恢复健康，不可能运动一两次就看到健康指标好转，这是短视。更不能说培训是根上的事，就像如果平时不注意身体，病重了才找医生，还想三下五除二就能健步如飞，这是不可能的事。

以上就是培训的定义。还有一些相似概念，比如演讲、管理咨询、教练、心理咨询，大家怎么看它们之间的区别呢？表0-1比较了其中3个概念。

表0-1 相似概念的辨别

对比	教育	举例	培训	举例	教练/引导	举例
目标	构建知识体系	如何构建沟通知识体系	提升工作绩效	如何通过沟通加强跨部门合作	激发内在潜能 觉察干扰	如何实现公司业绩目标
对象	学生	经管学生	员工	××部门	有经验的个人或团队	中高层管理人员
中心	复述知识	熟记沟通的五大要素	演练技能	在冲突的情况下，寻求共同目的	觉察与行动	觉察业绩瓶颈、挖掘支持资源、实施改善计划
强调	是否权威、完整	背诵中外经典，考核全部知识点	够用、实用就好	根据测评出的短板进行练习	相信参与者是可以的，他们有足够的资源能自己解决问题	为你刚刚的觉察点赞。你认为由于对业绩目标上下沟通不充分而限制了业绩提升
方式	讲授考试	接下来我们来讲讲沟通的五大要素	练习反馈	根据测评，让大家按照短板进行分组，并讨论以往的经验	聆听提问	如何实现对业绩目标上下充分沟通
资源	脱产学习、时间充足	晨读、课堂学习等	存在工作与学习的矛盾	碎片时间学习，工作时间打卡与实践	需要定期教练	10次以上

以下情形都用到了"培训"二字，但是它们真的都是培训吗？

- ××，你的Excel数据分析能力不错，给大家讲讲怎么做的。
- 为了完成明年的挑战性战略目标，我们做场培训，看如何激发一下大家的潜能。
- 三标外部审核临近了，我们的相关培训证据如何，不足的要做培训补上。

- 员工执行力不行，给大家讲讲执行力吧。
- 又一批员工要入职了，搞一场培训吧。
- 本年度培训经费还没花完，看看市场有什么新课。

培训并非万能的，你无法叫醒一个装睡的人。但正如美国神学家尼布尔的祷告文所说："……请赐予我平静，去接受我无法改变的；请给予我勇气，去改变我能改变的；请赐我智慧，分辨这两者的区别。"为所能为，更显智慧。

二、魔方：培训魔方体系简介

魔方 = 目标 × 组织 × 内容 × 教学 × 辅助 × 演绎

以我多年做培训师、培训经理、学习社群发起人等的经历，我构建了一个内部课程开发、培训师培训的体系，我称之为"培训魔方"（见图0-2）。你可以借助它来建立你们公司的课程开发体系。

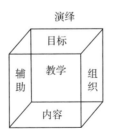

图0-2 培训魔方

"培训魔方"由独立又有联系的6个模块组成，即目标面、组织面、内容面、教学面、辅助面、演绎面。

这也正对应了本书第1～6章的内容。接下来，简要地介绍它们各自的含义、价值与目的。

1. 目标：明确培训目标

想解决的企业问题，是否主要是由员工的知识、技能不足造成的？如果进行培训，那么培训目标是什么

我最喜欢的作者史蒂芬·柯维曾说："不要爬到了梯子的顶端，才发现梯子架错了墙。"我们做内部培训课程，也务必要做到以终为始。不要所有问题，都想用培训和课程开发去解决。

这一阶段，我们的目的是甄别病因，并明确培训目标。这样就可以尽可能保证药到病除，治疗过程不走样、不偏题。

2. 组织：如何才能组织好培训

飞机是谁发明的？莱特兄弟。第一艘蒸汽轮船是谁制造的？富尔顿。如果问你航空母舰是谁制造的，你肯定答不上来，因为这绝对不是一两个人能搞定的。

正如"培训"的定义所说，培训工作绝对不是一个培训部门就能搞定的事，而是一个中长期的过程。那么组织工作，就是培训前、中、后都要思考的问题。

这一阶段，我们的目的是搞清楚要团结哪些人，如何团结他们，做好哪些后勤保障。这样就能发挥团队作战的优势，形成 1+1＞2。

3. 内容：如何找到实用方法

内容为王，究竟培训什么内容，这是这一阶段我们需要思考的。

我们要避免走入3个误区：①仅仅照搬外部经验与网络资料；②不接地气、自说自话；③胡乱堆砌、主次不分。否则，会让学员觉得课堂脱离实际，听不懂、记不住，自然也就没办法用上了。

一个人的智慧是有限的，人民群众（员工）的智慧是无穷的，要想知道如何向他们取经，欢迎阅读第三章。

4. 教学：如何让学员学会方法

人脑不是电脑，键入正确程序就能自如运行，它有自己的进化逻辑，因此这一阶段就是学习如何转移内容，如何让员工吸收优秀方法，而不是培训师一股脑地讲完了事。

5. 辅助：如何用PPT、资料等辅助教学

据说金鱼的记忆只有7秒，人的记忆其实也好不到哪里，不信你回忆下上一节分享的"培训是什么"。因此，我们要通过PPT等辅助资料的开发，协助培训师表达、协助学员吸收，甚至建构公司内部的知识库。

6. 演绎：如何自信地走上台

这一部分将帮助你内外兼修，打造自信、生动的培训师范儿。上台紧张、呈现乏力、表达错位会是三只"拦路狗"，而我会给你打狗棒。

以上6个方面，你可以根据企业与自身情况选用，需要什么就学什么。这就是我在下一节要着重强调的：要想学习好，就把短板找。

三、角色：内训师定位与能力模型

角色 = 侦探 + 统帅 + 作家 + 老师 + 设计师 + 演员

能力 = 目标（问题分析）× 组织（领导管理）× 内容（访谈写作）× 教学（教学引导）× 辅助（设计）× 演绎（表达呈现）

培训圈有句名言：不能当首席执行官（CEO），就当内训师。正如CEO，内训师也是一个需要极强的综合能力的角色，而不仅仅是大家刻板印象中的舌灿莲花。

那么内训师需要哪些能力呢？我们不妨从应该胜任的角色来审视。

第一，内训师是一个侦探，需要你眼光独到，这样才能剥茧抽丝，

找到核心。这其实对应魔方里的目标面，概括为问题分析能力。

这满足了成人学习者学习目的明确的需求，他们对上课不感兴趣，不会为了学习而学习，但对于改善他们的生活、工作一定是渴望的，他们会思考：课程内容对我有什么好处，能解决什么问题？

第二，内训师是一个统帅，需要你具有领导力，这样才能统筹协调，形成合力。这对应魔方里的组织面，概括为组织实施能力。

这满足了成人学习者实用导向的需求，因为如果一门课公司不重视，领导没有提供应有的支持，他学来没有劲、用也用不上，那他为什么要学呢。

第三，内训师是一个作家，你需要收集资料和具有写作知识，才能将自己或专家的经验深入浅出地写出来，这对应魔方里的内容面，概括为经验总结能力。

这满足了成人学习者对"干货"的渴求，他们希望看到成功的标杆案例、结构化的经验模型。

第四，内训师是一个老师，需要有教学能力，这样你才不会唱独角戏，才不会进行灌输式教学，而是促使学员产生学习的欲望，甚至像苏格拉底那样点燃学员的激情。这对应魔方里的教学面，概括为教学设计能力。

这满足了学员分享经验与实践的需求，帮助他们更能发现自己的优势并加以整理，也在安全、被尊重的环境中通过反馈来提升自己，甚至能满足他们的社交需求。

第五，内训师是一个设计师，你需要开发出美观且易于理解的PPT等。这对应魔方里的辅助面，概括为资料开发能力。

这满足了成人学习者对美学、实践时节省脑力的需求，帮助他们更快地接受信息，在应用环境里即时提取方法要点。

第六，内训师是一个演员，这时候才谈到大家对培训师的刻板印象：能说会道、活力四射、具备感染力。这对应魔方里的演绎面，概括为演绎呈现能力。

这满足了成人学习者对专业度、生动性的需求,帮助他们身临其境、饶有趣味地学习课程。

我们了解培训师的以上 6 大角色,有什么好处呢?你作为培训经理,可以以此建立内训师体系,作为选拔、培养、评定等的量化标准。

你作为内训师,可以借助它们来明确你的学习目标。如果你希望提升哪方面的能力、提升哪个角色的能力,就可以有针对性地看相对应的章节。

- 如果你是业务骨干、优秀员工,那么可以先学习第 3 章"内容",总结经验,挖掘出你身上的知识金矿。
- 如果你已经在授课,有不少讲课经验了,那么看看第 4 章"教学",可以帮助你提升课堂效果。
- 如果你上台还哆嗦,严重影响语言表达,一讲课,台下学员就无聊地打瞌睡,那么看看第 6 章"演绎",可以帮助你自信登台,生动表达。
- 如果你不只满足于把课讲精彩,还希望协助企业解决实际问题,那么看看第 1 章"目标",了解问题是如何得到分析和解决的。
- 如果你发现一堂课不足以让学员真正改变,上课甚至人都到不齐,或者迟到者很多,那么翻开第 2 章"组织",看看谁能帮助你。
- 如果你对把大量准备时间都花在了 PPT、资料开发上感到头疼,那么第 5 章"辅助"一定会对你有所启发,帮助你简约而不简单地快速开发资料。

当然,以上只是笼统的指导,更细致、更准确的办法是给自己做一个"内训师能力体检"。

阅读"工具 1:内训师能力平衡轮表",按照下表内的水平分级进行自评,并绘制平衡轮。

工具1：内训师能力平衡轮表

角色	能力	水平分级及打分	得分	改进计划
侦探	目标：问题分析	1～3分：根据他人的转述、想法、兴趣，就开始开发、讲授课程 4～6分：懂得通过调研去查明问题的真因，并对症给出不限于培训的解决思路 7～10分：站在辅助企业实现战略目标的高度，从组织设计、人员调整等维度给出方案，并影响到高层决策		
统帅	组织：组织实施	1～3分：能协调场地、设施、设备等，提前做好准备工作，确保授课正常进行 4～6分：能借助高层、导师的力量，并精选学员，综合提升课程效果 7～10分：在课后运用考试等多种方式检验学员的实际运用情况，并对课程进行相应调整或改进落地方案		
作家	内容：经验总结	1～3分：能借助访谈问题清单，收集优秀员工的经验或去阅读相关图书 4～6分：能与优秀员工进行双向交流，澄清细节，并借助经典著作的知识模型，将其整合成有效、有序的课程内容 7～10分：提炼的课程内容能切中学员工作问题的关键点，有理论高度或有创新，具体可操作，带有企业特点或为企业案例		
老师	教学：教学设计	1～3分：单纯口头讲授，缺乏开场和结尾 4～6分：采用小组讨论、案例分析等多种教学形式，较好地进行了开场和结尾 7～10分：有契合课程目标的、新颖的、巧妙的教学设计；做到了一鸣惊人的"凤头"和升华有力的"豹尾"		
设计师	辅助：资料开发	1～3分：能开发辅助学员理解的PPT 4～6分：PPT设计合理，搭配有图片、音频、视频等形式的素材，能在课前开发并使用在线调研问卷来收集信息 7～10分：能开发讲师手册、阅读资料等形式的课程资料包		
演员	演绎：演绎呈现	1～3分：与学员无眼神交流，过于紧张 4～6分：自信亲和、形象专业、干练又富有感染力 7～10分：能生动地表达课程内容，能用学员熟悉的知识和事物做类比，以促进学员理解，寓教于乐		

如果你的6大角色/能力得分依次是6、8、8、8、6、7，那么你可以绘制如图0-3所示的平衡轮。

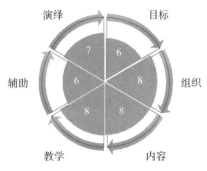

图0-3 某内训师能力平衡轮

审视它之后，你可能会有以下的觉察：

（1）我要补短板，先聚焦学习目标面、辅助面。

（2）我要增长板，先看组织面。至于短板部分，寻求与公司的其他同事合作，以弥补短板。

总结一下，这一节我们从角色与能力的角度审视了培训师，乃至课程开发的流程，并给出了一个平衡轮测评表，以帮助你了解目前自己的水平，从而确定下一步的学习方向。

至此，导读就接近尾声了，你已经了解了真"培训"之路的含义，也知道了我们将游览的六大景点，现在就出发吧，看好车，放行李，选一个从来没坐过的方位的座位，坐下，深呼吸一下，眨一眨你好奇的眼睛，去看看你想领略的风景吧。

有一座山峰，
它位于，
地图与词语之外，
成功在那里等你。

当你开始想象云雾的缭绕与鸟兽的鸣叫时，
它便开始向你走来，
但直到你站上山顶，
你才发现你已拥有婴儿的面庞和老者的智慧。

翻开第 1 章前，请你想一想、写一写：有一个业务部门，最近的出错率上升了，部门负责人认为是培训没做到位，因此要求展开培训。这个锅，该培训背吗？为什么？

CHAPTER 1
第 1 章

目标

如何清晰地明确培训目标

思　考

是不是一切工作问题都能用培训解决？
培训目标怎么写才能既清晰又简单？
什么样的培训课程名称第一眼就吸引到了你？

一天，动物园园长发现袋鼠从笼子里跑出来了，于是要求将笼子的高度由10米加高到20米。没想到第二天居然又看到袋鼠全跑到了外面，于是管理员们感到很紧张，决定一不做二不休，将笼子的高度加高到100米。与此同时，长颈鹿和几只袋鼠在闲聊，"你们看，这些人会不会继续加高你们的笼子呀？"长颈鹿问。"很难说，"袋鼠说，"如果他们再继续忘记关门的话。"

——故事改编

　　你遇到过领导一句话你就得加班开发课程的紧急任务吗？你遇到过开发课程时什么都想讲，内容都很好，舍不得删掉，两三百页PPT都刹不住车的尴尬吗？更可怕的是，你开发完课程，学员根本没兴趣来参加培训，课程陷入无人问津的窘境。

　　不要怕，在这一章我们将通过解题、定位、美名3节，帮助大家分析出有价值的培训需求，明确培训目标与评估方式，写出能清晰展示内容的课程名称。在结尾，希望你能说出吉尔伯特行为工程模型的6个要点，写出一个课程的目标及评估方式，以及匹配的课程名称。

一、解题：分析有价值需求的吉尔伯特行为工程模型

　　如果给我一个小时来解决一个问题，我会花55分钟来思考问题，花5分钟来思考解决方案。

——爱因斯坦

解题 = 问题分析（吉尔伯特行为工程模型）

- 吉尔伯特行为工程模型 = 信息 + 资源 + 激励 + 知识技能 + 天赋 + 动机

- 问题分析＝明确问题 × 找准干系人 × 分析真因 × 找到方法 × 明确学员 × 明确课程目的

一家公司拥有一个由高绩效的数据录入员组成的团队，这个团队以其持续、快速的产出和非常低的出错率而闻名。不久前，公司搬到一处比原来大得多的新场所，员工对新工作场所感到非常兴奋，他们喜欢这里宽大的办公室、环绕式的窗户，以及由茂盛的草坪和浓密的树荫所形成的宁静景色。

但不妙的是，过了一两周，部门经理吃惊地发现，这个团队的出错率明显上升了。于是他求助培训部门，请求展开培训。这时候培训经理和资深的内训师立即组成了专项团队，但没有立即展开培训，而是查看公司搬家前后的报告，并与这些员工待上几天来进行观察。

最终他们发现，当下午太阳落山时，阳光通过巨大而明亮的玻璃窗投射在员工的电脑屏幕上产生了刺眼的光线。尽管员工十分熟悉所使用的这些应用软件，但刺眼的光线导致员工很容易出错，因此出错率上升了。

于是，他们建议马上换上合适的窗帘，后来问题也就得到了彻底解决，团队绩效再次恢复到了以往的高水平。

这是来自《绩效咨询》一书里的案例。看来培训真不是想当然地想做就能做的，我们要先分析出真正有价值的需求。否则，病因没有找到就下猛药，白费功夫事小，误了病情那就要命了。

1. 吉尔伯特行为工程模型

接下来，介绍一个分析绩效问题的思维模型——吉尔伯特行为工程模型（见图1-1），它由被誉为"绩效改进之父"的吉尔伯特提出，揭示了人的绩效表现受两类因素影响：环境和个人。

图 1-1　吉尔伯特行为工程模型

环境因素包括信息、资源、激励 3 项；个人因素则包括知识技能、天赋和动机 3 项。没有达到期望的绩效，是因为什么？

（1）缺乏信息？

（2）缺乏资源？

（3）缺乏激励？

（4）缺乏知识技能？

（5）缺乏天赋？

（6）缺乏动机？

举个简单的例子。假设一个司机驾驶时发生了事故，事后一定需要培训吗？不一定，因为事故原因可能有多种，比如：信息不足，他不熟悉这条路，结果掉进了坑里；资源不足，往常这段车程需要 20 分钟，但这次事情紧急，他加速想要在 10 分钟内赶到；激励不足，往常跑这一趟公司发 100 元，但薪酬制度调整后，这次只有 50 元了，因此他想开快点，以便能多跑几趟；知识技能不足，这是一位新司机，第一次上高速，太紧张；天赋不足，事后发现这位司机从小四肢协调能力不好，驾照是勉强拿到的，其实他不适合开车；动机不足，经调查，该司机长期患抑郁症，悲观厌世，有自杀倾向。

其中用培训可以解决的是哪些项？其实只有知识技能不足一项。

再举个例子来帮助理解。假设你是一家航空公司的内训师，一天，旅客与工作人员产生了冲突，培训经理找到你，让你展开服务技能培训。你立马就准备上课吗？

其实不然，我们要先分析原因，看是由什么原因造成上述冲突。如果主要是知识技能不足引起的，再采取培训也不迟。比如，根据吉尔伯特行为工程模型来看，如果是信息这一层出了问题，比如，如果是工作人员无法得知最新航班的改签信息，从而没法回答顾客提问，那我们可以建立畅通及时的信息通道。如果是资源这一层出了问题，也就是工作人员缺乏工作所需的时间资源，确实忙不过来，那就可以增派人手。还可以在激励上想办法，比如增设"忍辱负重奖"。当然，如果原因真出在知识、技能上，比如公司有航班延误的接待话术，但是员工记不住、不会用，那就要加强培训。

但是，如果问题出在态度上，那么再怎么培训，也是杯水车薪，这种情况下，应该选择调岗，把脾气火暴的人调离服务岗位，让性格温柔的人来做服务，或者尝试利用榜样的力量来影响动机，或辞退，重新招聘。

杰克·韦尔奇曾提到，"在招聘管理职位的时候，所有的候选人至少应该具备前两个'E'，即积极向上的活力（Energy）和激励别人的能力（Energize）。我认为它们都属于个人的本性，很难通过培训来弥补。坦白地说，在招聘任何岗位的时候，无论是不是经理人，你都最好不要雇用那些缺乏活力的人，因为没有活力的人将削弱整个组织的动力"。

总之，具体情况要具体分析。

2. 从绩效差距到课程目的

刚刚我们了解了吉尔伯特行为工程模型，那么如何利用好它去分析原因呢？我们可以运用工具2。

工具2: 绩效差距真因分析表

3.真因: 影响问题的主要原因是什么（见附表）	1.问题: 发生了什么问题？与期望绩效/行为/能力相比，目前员工有哪些差距	2.干系人: 涉及哪些人
4.方法: 如果需要通过培训来解决，那么学员需掌握的知识、技能是什么	6.课程目的: 为什么课程对他们有好处，能帮助他们实现什么	5.学员: 什么人需培训（人数、年龄、特点）

附表　影响因素分析表

因素	调研问题	原因范例	你所观察到的现象/事实	可选择的解决方案
数据、信息、反馈	在员工需要的情况下，上级提供数据、信息和反馈的情况怎么样的	未能及时提供信息		提供获得所需信息的途径：容易获得、及时、准确且及时更新、清晰且可理解
		缺乏反馈机制		给予反馈：及时、具体、确认或纠正性质，对事不对人
		没有建立绩效标准和作业标准（或者没有模范做出能达到期望的绩效），或者没有清晰地沟通期望的绩效		提供标准，确立可触及的模范，对期望的绩效进行沟通澄清
		人类工程学缺陷，不适当的工作条件		调整
环境支持、资源、工具	人们在资源、工具、设备等方面获得的支持情况是怎样的	没有提供可靠、有效、安全的工具		提供
		是否有充分的工作辅助工具、参考材料、制度帮助提升绩效		提供工作辅助工具、绩效支持系统或参考材料，如SOP表单、勾选表单、信息表单
		在当前的能力、资源等约束下，绩效是不是可达成的？例如，期望工作的时间不足、人力不足		增加资源

第1章　目标：如何清晰地明确培训目标　23

类别	问题	详情	解决方案
结果、激励、奖励	工作者是如何看待结果的	工作与组织的使命和需求无关	将绩效与公司使命、自身发展机会联系起来
	他们获得的奖励或激励情况是怎样的	奖励不以绩效为基础。相互矛盾的激励机制。例如，较差的工作表现仍能获得奖励，正常表现会受罚；迟到的员工没有受罚，准时到达的员工还需要等待前者	建立关联绩效的激励机制
		薪酬是否与期望的绩效相匹配 是否给予有意义的非货币激励和认可	提供与行业、职位相匹配的薪酬 提供表扬、激励或非货币认可，例如，优先安排内外部学习机会，并调配时间等资源，便于其参与
技能和知识	员工的知识和技能是否与绩效要求相匹配	知识、技能的缺乏	知识：首先提供工作辅助工具，绩效支持系统或参考材料，如SOP表单、勾选表单、信息表单 技能：提供练习和反馈
		员工是否能鉴别好坏的和差的绩效	示例说明
个人能力	员工表现得如何	员工是否拥有达到绩效所需的能力 个人品质和价值观，智力，教育背景，情感，人际能力，组织管理能力，体力，理解力，想象力	进行充分的工作分析，修改选拔的标准和程序，更换人员，以使人岗匹配
动机和期望	当在职者进入工作状态时，他们是否有把工作做好的欲望		招聘、试用选拔
	人生目标：他们的动机能否持久		招聘、试用选拔。榜样影响

我们通过以下 6 步展开。

（1）明确问题：先调研，了解到底发生了什么问题，或者与期望绩效、行为、能力相比，目前员工有哪些差距？

企业里一般是中高层管理者看到了一些现象，然后觉得应该开展"培训"。比如，看到员工在禁止吸烟的地方抽烟，感觉员工没有主人翁意识、工作消极被动，然后转述给培训管理者或内训师。对于我们来说，要做的是询问具体细节，因为没有调研就没有发言权，只有深入现场才能找到真因。否则，就像古代的悬丝诊脉，哪里能找到病根呢。

举例，假设 A 部门领导在年度培训需求调研时，填写希望开展"责任心培训"，我们就要留个心眼，不能想当然地上网搜索"责任心、主人翁、当责"等关键词，找到相关课件，一讲了之，而是要访谈调研，细致询问到底出现了什么问题。一问，对方说部门工作效率不高，员工经常出错，然而那些工作难度并不大，因此他觉得是责任心不够造成的。

但真的是这样吗？不要着急做判断，我们还需要走访一下。因此，我们可以问：哪些员工工作高效，哪些员工经常出错，或者哪些工作经常会出错？

（2）找准干系人：涉及哪些人，他们彼此的看法如何。

如同侦探破案，除了知情人，还要对多方人员进行侦讯，我们也要对相关人进行细节、期望、想法的了解。接上面的例子，我们找到两个典型代表：员工甲与乙。虽然他们做同样的工作，但甲的效率高还出错少，而乙则相反，不但做得慢，还经常出纰漏。

我们找到甲问：作为部门优秀员工，你对工作效率、质量乃至责任心怎么看？你平常工作有什么方法、流程和诀窍吗？

找到乙说：我们注意到你最近工作上遇到些挑战，反映在了效率和出错率上，我们想和你一起找到背后的原因，然后一起解决问题。乙表示：我很珍惜当前的工作，但是一不留神就容易忘事犯错，可能是我太笨了。

（3）分析真因：深入分析，影响问题的主要或根本原因是什么。

以上访谈中，我们可以针对某些主要工作，细致地通过"附表：影响因素分析表"进行询问。

例如，这项工作在"数据、信息、反馈"方面是否充足？比如，员工有没有得到及时的信息？是否收到具体的反馈吗？知道绩效标准和工作期望吗？

你会发现，这个附表是我细化吉尔伯特行为工程模型后的成果，就像电器排查故障书一样，利用这个附表，你可以参看哪些故障可能引发什么问题，又可以如何解决。

（4）找到方法：优秀员工身上具备但待培训员工不具备的知识、技能是什么。

如果你真的发现核心短板是知识、技能不足，那么我们就明确到底要学什么知识，训练什么技能。我们可以用现场观察或者标杆访谈法去了解。比如，你发现员工大多不会应用时间管理里的"收集"和"清单"技巧。

（5）明确学员：哪些人需要通过培训提升知识、技能。

通过以上问题，你可能发现，除了本部门员工的需要之外，其他部门也有进一步提升工作效率的需求。

（6）写出课程目的。

如此这般，我们就能像侦探一样剥茧抽丝，找到"罪魁祸首"，梳理出有价值的培训需求了。

给人上课，还是让人下课，先分析问题绝对没有错。

二、定位：明确培训目标的行为四动词法

有一幅卡通画描述的是一个人掉到了湖里，在湖中挣扎

时，他冲着岸上的狗喊道："快去求助！"在第二幅画中，这只狗躺在精神病医生的诊台上。这个故事反映了人们对于"帮助"的含义可能存在不同的看法。

——《非暴力沟通》

培训目标 = 说出概念、写出经历、做到行为、得到成果

- 课后，学员将能够说出哪些课前不能说出的概念、名词、想法等？
- 写出哪些相关的经历、故事、经验、心得等？
- 做到哪些相关的行为、行动计划等？
- 得到哪些相关的成果、收获等？

猜一猜，如果一门课程的内容有 100 页 PPT，其中有 1 页 PPT 的分量跟其他 99 页一样重，最可能是哪一页？

这是我的老师，用友大学原校长、著名实战派培训专家田俊国老师的提问，而他的答案是"描述目标"的那 1 页 PPT。

是的，我们要先定位，明确课程目标，它是一切课程开发工作的导航仪。

当我们制定了明确的课程目标时，我们不仅可以更加精准地开发课程，而且学员也能知道对自己的要求是什么，从而拥有掌控感，发挥自我效能，让自学和独立思考也融入课堂中。

以下两个课程目标，哪个比较好？

（1）当学习了本节课程后，学员将能够了解和掌握课程目标设定的四动词法。

（2）当学习了本节课程后，学员将能够说出四动词法，并用它来改写一个课程的目标。

是不是后者更明确呢？这就对了。我们来看看其中的玄机。

1. 制定课程目标的 3 个误区

我们在制定课程目标时，通常会走入 3 个误区。

目标太粗

比如课程目标（1）。通常我们会使用的动词是了解、理解和掌握。那请问如何称得上了解？什么又叫理解？做到什么程度我们可以说掌握了？一旦我们如此模糊地描述目标，那就根本没办法检查学员的学习效果了，与此同时，培训效果也很难被衡量。

就像我们人人都想幸福，但是，如果你不自己定义清楚什么是你的幸福，那么即使幸福就在你面前，你也看不见。

目标太细

这又走到了另一个极端，在企业培训领域，从教育界引用了很多概念、理论，其实很难适用。比如说到课程目标，就会提及加涅、布鲁姆等教育"大咖"罗列的几百个行为动词，请问，在绝大多数企业培训里用得上吗？最后沦为"孔乙己说回字有四种写法"的迂腐。小牛拉大车，根本拉不动。你甚至会发现很多如此讲授的老师，他们自己的课件也没有按照此规则书写，因为根本不实用。即使强行写出来，也根本实现不了。有时候我们太急功近利了，动不动就想"一夜暴富"，希望老师讲干货，然后学员就像手机安装 App 一样瞬时就会了。

目标与评估两分离

其实从逻辑上理解，一旦定了目标，就等于定了评估，因为目标就是期许的终点。比如，你的目标是去成都，那是否到达成都就是评估标准了。

但是，通常业界的课程都会单独提到"柯式四级评估"，理论本身没有错，但往往答案和最初的目标不匹配，造成脱节。

为了解决以上 3 大问题，我给出了一套简单、实用的方法，叫作"行为四动词法"，它能实现目标设定、教学活动和效果评估三者合一。

2. 三者合一的行为四动词法

课程目标的行为四动词法非常简单，概括起来就是4个字：说、写、做、得（见图1-2）。

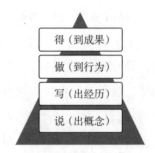

图1-2　课程目标的行为四动词法

工具3：课程目标与评估表

	知识		技能	
课程目标				
开发团队/人员				
审批/支持人				
	说（出概念）	写（出经历）	做（到行为）	得（到成果）
课程目标：学习后能完成什么				
	考试	作文/演讲	技能评定/竞赛	绩效考核/观察
	填空题、问答等	心得、演讲稿等	视频等	总结、报告等
评估：如何判断学到手了				

- 说,是验证学员是否了解的标准,能说出某个概念,证明他记住概念了。
- 写,是验证学员是否理解的标准,能写出相关经历,证明他关联经验了。
- 做,是验证学员是否掌握的标准,能做到某个行为,证明他开始实践了。
- 得,是验证学员是否实现绩效目标的标准,能得到某个成果,证明他的实践发挥作用了。

对应的教学活动,就是让学员说、写、做、看得到了什么。比如,如果讲解时间管理方法"收集",我们可以让学员说出"收集"的定义,写出过往记日记的经历,现场利用纸笔记录大脑里的想法,最后看是否效率更高。

要评估效果,也就是对应看你能不能说出、写出、做出、得到。针对知识,可以通过考试和作文/演讲得到;针对技能,可以通过评定/竞赛和绩效考核/观察得到。

因此,可以说,只要定好了目标,就可以随时教学,随时评估。

就是这么简单、实用。你也不妨试试看?借助上面的评估表,写出你要开发或修订课程的课程目标及评估方式。

好写、好练、好评的课程目标才是好目标!

1922年,课堂上一位老师提问:"将来你们过世后,最希望被人怀念的是什么?"一时间,鸦雀无声。老师接着说道:"我不期望你们现在就能给出答案,但是,如果你们到了50岁还回答不上来,那就白活了。"

这一段自问自答,给当时一个年仅13岁的孩子带来极大的冲击,他就是日后被誉为"管理学家里的管理学家"的德鲁克。

当下课后,你最希望被学员怀念的是什么呢?

三、美名：打响课程的名称四要素法与常见课程体系

> 某品牌在 1927 年刚进入中国时，叫"柯口肯那"，后在方言下变成了"蝌蚪啃蜡"。最后，身在英国的一位上海教授蒋彝以你熟悉的四个字击败其他对手，拿走了 350 英镑改名赏金，它就是"可口可乐"。
>
> ——改编自网络

课程名称 = 主题 × 对象 × 价值 × 品牌

- 主题：你的课程，从知识体系/分类来说，叫什么？
- 对象：讲给什么人听？
- 价值：听了之后有什么好处，能得到什么成果？
- 品牌：如何形象地记忆？

常见课程体系 = 通用知识 + 通用技能 + 专业技能、知识

有了课程目标，接下来你需要给你的课程取个好名字，让你的课程一"名"惊人，清晰展示其内容。

以下两类课程名称，你喜欢哪一类呢？

企业文化 vs. 新员工企业文化须知

绩效考核制度 vs. 我和我的小伙伴都涨工资了——绩效考核制度调整解读

职业素养 vs. 赢——班组管理五项修炼

相信你会对右边的那一类更感兴趣。

一般取名我们主要关注主题，比如企业文化、绩效考核、职业素养等，但其实如果我们加上对象、价值和品牌这 3 个要素，名称就更

立体了。这就是"课程命名四要素法"（见图1-3）。

图1-3　课程命名四要素法

1. 课程命名四要素法

课程命名四要素分别是主题、对象、价值、品牌，我举例说明一下。

比如，加上对象"新员工"，别人一看就知道是讲给谁听的；加上价值"都涨工资了"，别人一看就对课程感兴趣了，因为是来帮他们多赚钱的。为什么班组管理五项修炼叫"赢"呢？你拆解"赢"字来看，它可拆解为亡、口、月、贝、凡，它们分别指代着班组管理中的安全管理、沟通管理、时间管理、财务管理和心态管理。这样是不是巧妙又好记呢？这就是品牌的设计。

接下来，我来考考你，以下课程名称，用了哪些要素？

- 本书配套国家版权课程"课程开发魔方：内训师轻松开发课程6面法"，主题是课程开发，对象是内训师，品牌词是魔方，还告诉你了内容结构是6面，即6个部分。
- "识势、顺势、借势：3个姿势hold住数字化转型"，主题是数字化转型，"识势、顺势、借势"是高度凝练的课程要点，用"hold住"这种比喻和流行语的方式，可以帮助记忆。
- "带着红包过大年：春节期间内推奖励制度"，主题是内推奖励制度，价值是带着红包，过大年、春节期间则说明了培训内容的有效范围，整个名称朗朗上口，令人印象深刻。

因此，不要仅仅用主题来表示课程名称了，用上四要素和你的创意吧！

有了很多创意之后，我们可以用"工具4：课程名称设计表"来做评价和筛选，比如从引人注意、简单易记、清晰准确3个维度分别打分（1～5分），看最后哪个题目最好。

工具4：课程名称设计表

思考方向	主题	对象	价值	品牌
	从知识体系/分类来说，叫什么	讲给什么人听	听了之后有什么好处，能得到什么成果	如何形象地记忆（其他见备注）
名称要素				
待定名称	1. 2. 3.			
评价得分	引人注意 （1～5分）	简单易记 （1～5分）	清晰准确 （1～5分）	合计得分 （3～15分）
1				
2				
3				
课程名称				

注：1. 如何带有公司、行业的特点？
2. 可以用什么物品、歌曲、影视、典故、成语等做比喻或进行替代？
3. 同类课程有哪些名称？

2. 常见的课程体系主题

课程的美名取好了，那公司应该有多少门课程呢？这里给大家提供一个课程体系的简易框架供参考（见表1-1）。

表 1-1 课程体系简易框架

分类	课程种类
通用知识	公司规章：人力资源制度、财务制度等
	行业知识：定义分类、生命周期、政策法规、竞争状况、技术发展、关键因素、发展趋势等
	公司认同：价值观等企业文化、历史、战略目标、发展现状、组织架构、部门、产品等
通用能力	心态、情绪、目标、思维、沟通、表达（以上开发时可参考和借鉴我所著的《能力的答案：高效能职场人士的 24 个通用能力思维模型》）
	领导力、团队管理、办公软件、商务礼仪、创新思维、课程开发、问题分析、消防安全、网络安全等
专业技能、专业知识	通常基于岗位和职业展开，比如招投标、项目管理、销售、研发、财务等

注：1. 之所以没有将专业技能和专业知识分开，是为便于员工、学员运用。因为使用专业技能时必然会用到对应的专业知识，如果为了体系看起来好看而将两者分开，就会给学习者造成理解困难和运用困难。就像一门针对厨师的"如何做麻婆豆腐"课程，讲如何准备、炒制、收尾等技能的同时，可以顺带讲解原材料和调料的识别等知识，而不用再单独开发一门课程，专门讲"麻婆豆腐的原材料与调料"了。比如，保健品产品知识培训，就宜按照场景、对象等优化，不宜单独讲，而是要讲"初战告捷——如何在菜市场进行保健品销售"或"'情'不自禁——如何针对老年人销售产品"等。

2. 入职培训，通常单独列为一类，可以理解为各类课程的基础入门版，然后再加入军训、拓展等活动。

3. 如果细化，你还可以按照层级（公司级、部门级）、水平（基础、进阶、高阶）等方式分类。

4. 开发课程，宜重点突出、单点突破、做好做透，切忌全盘铺开、求大求全，企业不是大学，课程是为绩效服务的，不是为获取知识服务的。但是，如果领导喜欢看到你年终总结的 PPT 上满满当当的一页课程体系图，你可以外采线上平台体系化课程包进行补充，费力少，种类全。

取名是一件件大事，无论是人名还是课程名。取好了，有画龙点睛之效；取差了，总让人提不起精神。因此，我想说，"好课程，从好名字开始"。

培训是一扇窄门，
门是窄的，路是长的，
就在旁边还有一扇宽门，
门是宽的，景是近的，
一条通往了未来，
一条通往了现在，
而两把钥匙都在你的手里。

虽然我们已经取得了最重要的成果——明确目标，但我们要做的事情还有很多，第 2 章 "组织" 就是往往我们会忽略的。

CHAPTER 2
第 2 章

组织

如何有效地实施培训课程

思　考

假设你要讲一门内训课程，
哪些人的支持会极大地影响培训效果？
在培训前、中、后，你通常会做哪些准备？
为了促进学员改变行为、提升绩效，
哪些动作尤为重要？

> 全球的 CEO 都知道，每年年底对上一年的业务执行情况进行盘点，年初又对下一年度的业务进行规划。唯有杰克·韦尔奇做到了第三步，那就是，他用上课的方式持续推进和检查业务的执行情况，所以他成为"全球第一 CEO"。
>
> ——诺埃尔·蒂奇，通用电气公司领导力发展中心前主席

作为内训师，不仅需要开发课程、讲好课，还需要提升组织执行方面的能力。

还记得，2014 年我参加了中国人民大学培训经理专业认证班的学习，与成功拿到证书相比，我印象更深刻的是项目发起人刘老师的一句话，大意是说，培训管理，虽然包含培训专业知识，但更多的是管理范畴，要在管理科学中找方法。

这一下子扩展了我的思路，让我从一个专注于课堂上各种培训技术的专业工匠，跨界到了着眼团队、领导力、组织的管理者。后面的因素可能才是员工成长的根本推动力。正如盖洛普 Q12 测评法里揭示的一样，员工满意度这一关键指标最终会影响到离职率、生产效率、顾客满意度等。然而，12 项因素中却只有一两项直接与培训相关，其他都属于管理工作。

接下来你面对两条路。如果你们公司有专职的培训经理，那么你可以将本章内容分享给他，你们一起组团，会节省不少力气。如果你就是要授课的培训经理，你就得亲自上手了。可喜的是，当你能够培养起这方面的管理组织能力时，不仅能推动你现有的工作成果落地，还能帮助你成为优秀的管理者，无论是什么岗位上的。

如果把授课比作播种，目标是开花结果，那么本章的造势就是天气要好，护航就是种子要好，落地就像大棚保暖。期待你读完本章后，写下优化下次培训的 3 个改善计划。

一、造势：课前精心营造的 3 大势能

> 我是非常重视培训工作的，并且会积极地去推动它。我们将成立 6 个有机联系在一起的干部部门……将来各部门干部部的部长由各部门的二把手担任，培训工作将成为他的一项非常重要的工作，这样培训工作推动起来就容易多了。
>
> ——任正非，《培训：通向明天的阶梯》

造势 = 借助领导 × 选好苗子 × 配备导师

- 借助领导：让领导重视、参与、了解培训工作。

- 选好苗子：吸引、甄选出主动性强的学员。

- 配备导师：让员工的上级、优秀学员成为导师。

"愚公移山"这个寓言故事，相信你不会陌生，你认为它想告诉我们什么呢？

你可能会脱口而出："只要坚持不懈，就一定能实现目标。"这是儿时的正确答案。

你可能会说，发动和团结儿孙乃至邻里等周围的人，是做工作的重要课题。

某网友的答案我觉得也很妙，他说，"你要跑断腿（的事），领导一句话（就搞定了）。你看啊，故事结尾，其实不是愚公和父老乡亲们移走了大山，而是天帝被感动了，叫了大力士才搬走的"。

因此，我想说，本人、群众和领导是造势的 3 大主体，而在培训里造势的，按照效果排序，就是借助领导、选好苗子和配备导师（见图 2-1）。

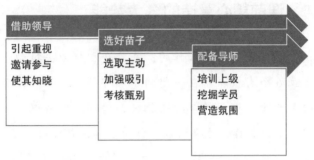

图 2-1　课前 3 大势能

1. 借助领导

第一势能就是要借助领导，在此给你分享 3 招儿：引起重视、邀请参与、使其知晓。

引起重视

我们都知道"上行下效""言传身教"，如果是领导重视的培训，那么员工学员会打起十二分精神。如何引起领导的重视呢？

我们可以给他们传播"管理工作培训化"的观念，因为培训现场是推进业务的最好调研和交流现场。杰克·韦尔奇被誉为"CEO 中的 CEO"，在他掌管通用电气（GE）的 20 年中，克劳顿维尔学院举办了 280 次针对不同层级管理者的领导力培训，他每次都参加授课，每次讲 2～6 个小时，他只因为心脏搭桥手术缺席过一次。他为什么如此热衷培训呢？因为他发现在课堂上能获取最新的业务开展情况资讯，避免基层报喜不报忧，同时，也能宣传公司的政策制度并得知反馈。还能一举三得，发现人才等。

比如，韦尔奇在《赢》一书里提及他是如何在课上明朗员工发言权并提升生产力的：

（在克劳顿维尔培训课程上）通常，作为公司的 CEO，我会被各个业务部门提出的五花八门的具体细节问题所淹没，而所有这些问题原本都应当在他们自己的会议上得到解决。例如，"洗衣机业务正处在困难之中，为什么所有的新设备全都给了电冰箱部门？"……

沉闷中，在对付了几个这样的问题之后，我总是会把培训停下来，反问台下的学员："为什么你们不向自己的老板提出这些问题呢？"

答案是："我不可能提这样的问题，那样我会被开掉的。"

"那为什么你们就敢跟我提呢？"我问。

"因为我们感到在这儿我们是匿名的。"在这样的意见交换进行了一两年之后，我们认识到，恐怕不得不做一些事情了。要给自己的企业创建一个更宽松的环境，让各个层级的人都能够像在克劳顿维尔那样，大胆地说出他们的想法。

最终GE决定让其世界各地的机构都会举行类似的讨论会，员工们组成团队，再配备一名外来的辅导员，一起讨论如何改进做事的方法，并且老板会准时出席，强调会议的积极意义，同时承诺会跟进会议的建议成果，然后离席，以免影响公开的讨论。

由此，这样的讨论会成为GE解决实际问题的一个普通办法，带来了生产力的激增。有位中年的仪表工人曾告诉韦尔奇："25年来，公司一直为我的双手支付报酬，但实际上，公司完全可以用上我的头脑——而且什么钱也不用花。"

邀请参与

你可能会说，一下子让领导像韦尔奇那样投入授课不现实，那你可以至少邀请他参与。

我在一汽物流（成都）有限公司时举办内训师大赛，就邀请了时任公司总经理的王安伟先生参加，让他在比赛开始前发言，结束时颁奖。当时，一个平日职业倦怠的老员工拿到奖杯后，兴奋溢于言表。而后他从未有过地投入开发课程，而我则是时隔多年，依然感动于王总自掏腰包赞助活动。那段跟这样服务下属的领导共事的时光，是我在一汽物流最美好的回忆之一。

因此，虽然领导参与培训，甚至只是开场发言几句，对于领导来说很简单也花不了太多时间，但对于员工来说，会是莫大的鼓励。

在职业培训师生涯中，奔波在各类培训项目中的我发现，凡是有领导参与并讲话甚至全程参与的课堂，学员的投入度和学习效果都是一级棒的。

有句话叫作"世上最奢侈的人是肯花时间陪你的人"，我觉得世界上最好的领导者，就是有时间陪伴员工成长的领导者。

使其知晓

如果领导确实太忙无法参加，我们应至少使其知晓。

俗话说，干得好，不如说得好。我们不玩虚的，既要干得好，还要领导知道。培训后，新闻报道就不能缺，至少简讯要写一篇吧。实在没时间，也要在领导面前简单汇报一句，"领导，我完成了××培训，达成了预期的××效果"。让领导知道你很辛苦，成果很显著。

当年我将一篇生动的培训纪实，发布在总公司网站上，让当时倡导培训文化的兼任公司总经理的王国斌先生很高兴，虽然他常驻总部办公，但由此特别关注我们子公司的培训工作。在日常工作中，作为培训负责人，我也会每月编辑《培训工作信息简报》发布在公司平台上，让上下都了解培训工作做了什么，有什么成果。

怎么写呢？以上述纪实为例。

"触动改变观念，观念改变思想，思想改变行为"

——记一汽物流（成都）有限公司"全员 7S 推广"活动中的培训工作

即便耳边不断围绕着刺耳的机器轰鸣声，班组长赵金才、漆艳也仍然聚精会神地聆听公司内训师何柯的讲解，他们时而若有所思地写下几行字，时而点头表示认同，在他们的笔记本上写满的是诸如"人人有改善的能力,事事有改善的余地"的心得和体会……这是5月4日中午发生在公司零部件物流中心驻大众现场班组园地里的一幕。

作为"关心企业、关爱员工、关注未来"系列活动中一个重要组成部分的"全员7S推广"活动,由公司规划发展室和人力资源室联合举办,设立了推行小组,旨在完善现场管理标准、增强现场管理能力和提高员工综合素质,将7S管理思想(整理、整顿、清洁、清扫、素养、安全、节约)在全公司范围进行贯彻、实施。

整个活动内容以培训、评优为主,其中培训工作主要由人力资源室培训负责人何平和规划发展室规划员兼内训师何柯负责,时间主要安排在3~5月。

触动改变观念,形式多样促改变

为了使员工全方面受到触动、打破员工的固有观念和推行小组集思广益,活动小组采取了形式多样的宣传和推广,不仅利用了公司的LED屏幕、宣传栏等设施设备,还制作了推广标语、宣传版面和海报,大力普及7S的相关基础知识和管理理念,吸引了广大员工驻足观看,员工们显示出了极大的参与热情,取得了极佳的宣传效果。

零部件物流中心员工魏树碧发自内心地说道:"自己办公桌上的文件夹没标示、资料没分类,每天总要花一些时间在找资料上,原来觉得没什么,如今看来,这可真是个大问题!真是应了宣传栏上的那句话,'只有整理没整顿,物品真难找得到。只有整顿没整理,无法取舍乱糟糟'!"

观念改变思想,员工积极想改变

要想使7S管理思想深入人心,只靠宣传和推广可谓是舍本逐末,徒劳无功。因此,何平和何柯一起反复研讨,精心准备了7S系列培训课程。

整个课程以"7S概论、现场7S管理、如何推广7S"为思想脉络,并辅以被誉为"中国6S活动先行者"的孙少雄老师讲授的"6S

精益管理"多媒体视频和课后试卷，涵盖了"7S 的真意及发展，推行 7S 的意义和目的，运用可视化、标准化进行现场 7S 管理，以及 7S 推广方法、要素和途径"等 7S 经典内容。

整个课程设计，不仅深入浅出、理论与实践相结合，让班组长学有所得，拥有一整套 7S 管理思想，而且多媒体视频、试卷等材料的加入，为活动第二阶段班组长的课程转授提供了有力的智力、技术支持。

课堂上，内训师何柯风趣幽默的"段子"（案例）不断，其中"剔牙"案例总是引发班组长们开怀大笑。笑声背后隐藏的道理，也随之刻到了班组长的心里。

课后，很多班组长表示，在自己做好本职工作的同时，会向自己的组员和同事全面推广 7S 活动的意义及蕴含的道理，深信既然自己能在这样的活动中受益匪浅，那么班组的成员们也一样会学到很多东西，而且能比以前工作得更好。

可以说短短两个月的时间里，"全员 7S 推广"活动已经相继在各个职能科室、业务中心开展起来，充分调动了班组长及基层员工的积极性，他们已从前期的"外行看热闹，建立正确意识"，逐步过渡到了"内行看门道，明确 7S 规范"，从以往的"要我学"，逐渐上升到了"我要学"，这将为 7S 在公司的全面推行和深入落实奠定坚实的基础。

思想改变行为，培训到位保改变

至此，应该说员工在思想上给予了足够的重视，也有了一些切实可行的方式方法。那么，如何保证培训效果的延续性，在实际工作中改变过去"粗心"、粗放管理的行为，是培训工作接下来面临的难题。

对此，我们从"说"和"做"两个方面入手。

"说"，是我们设立了"我学 7S"征文活动，以达到温故而知新、温故而升华的目的，使班组长完成从"说给他听"到"他自己说"的转变。

"做"，是要求班组长在班组活动时间时对班组成员进行培训及考核，提交班组培训记录，我们会对培训情况进行跟踪，并督促班组长联系实际工作思考问题，制定出翔实、可行的7S推行日程表，逐步整理各岗位的工作内容、流程和区域，划分7S责任区域，在推行小组的协助下制作及张贴相关目视化管理看板，并加以维持，来达到"一级抓一级，层层抓落实"的目的，最终使班组长、基层员工完成从"做给他看"到"自己做、班组做"的质变。

目前，推行小组正在紧锣密鼓地对班组长提交的"我学7S"心得进行审核评分。该项得分将会作为本次"全员7S推广"活动考评的依据之一，并作为班组长工作评价的重要材料之一提交给人力资源室。

后记

现代管理学奠基人彼得·德鲁克在他90岁生日时，说过这样一句话："我的工作很简单，我关注的是人，而不是机器和厂房。"

这是一个朴素的真理。企业所有的成就，无论是资金还是关系或设备与原料，无论是开创事业还是开发有竞争力的产品，都必须通过"人"这个要素来完成与外部的种种活动。

那么，企业的发展归根到底就是人才的发展，而培训工作正是高效锻造高素质人才的有力武器。

2012年，一汽物流（成都）有限公司经营活动初具规模，业务全面启动，员工队伍急剧扩大，要使各级管理者和员工的业务水平、管理水平和全员素质跟上并支撑公司的发展，培训工作依然任重道远，还远未成为公司人才队伍建设、体系制度建设、企业文化建设等各项工作的推手！

但相信，只要我们加强并坚持全员培训，不断梳理培训思路和培训管理模式，统筹规划，分级分步实施，持之以恒地给员工以深入人心的触动，给员工以开拓创新的观念，给员工以求真务实的思想，就必将会卓有成效地提升员工的绩效，为公司快速有序的发展匹配起一批自觉、自信、自强的一汽物流人！

这篇稿件是如何设计的呢？开场有细节聚焦，就像对准现场的摄像头，这能让读者有具体感受，就像标题所写"触动改变观念"。然后拉远镜头，鸟瞰全局，用"3～5月、第6次"等事实说话，让领导知晓你的培训既有成果与功劳，又有汗水与辛劳。

在开场的背景介绍之后，从"宣传、课程、落地"三个方面展开，其中人物的话语、步骤的讲解都增加了可信度。

最后引用名人名言升华主题，并展望未来进行表态，以让读到此文的领导更加重视培训，给予更多资源。

总结一下，你可以理解为这是按照"现在场景、过去付出、未来愿景"三大结构书写的文章。你将其中的关键词替换为你当前项目的情况，就是一篇让你的领导知晓培训工作的好文章。

借助领导，天公作美，培训工作就能开花结果吗？不是的，你得选好种子。

《论语》中记载了一则故事。孔子有个弟子宰予，能说会道。起初，孔子很喜欢他，以为他一定会很有出息。可是不久，宰予就暴露出懒惰的毛病。一天，孔子给弟子讲课，发现宰予没有来听课，就派弟子去找他。不一会儿，弟子回来报告说，宰予在房里睡大觉。孔子听后说："朽木不可雕也，粪土之墙不可圬也！"也就是说，腐烂的木头无法雕刻，粪土垒的墙壁无法粉刷。

你看，连孔子都有搞不定的学生，何况我们呢？与其说名师出高徒，不如说高徒出名师。因此，在培训时我们要选高潜人才，即那些有好奇心、肯学又大胆去学的员工。

2. 选好苗子

选取主动

除开全员覆盖的培训之外，拔高类培训绝不是韩信点兵、多多益善，而是宁缺毋滥，不该来的别请过来，该来的一定要到场。

选择的标准之一就是主动性。主动报名和被动指派，学习效果是完全不同的。你可以把一匹马牵到河边，但喝不喝水这匹马说了算。

韦尔奇备受赞誉的是他的区别考评制度，他根据业绩把员工分成最好的20%、中间的70%，以及最差的10%。对最好的20%"大加奖励，包括奖金、期权、表扬、重用、提供培训机会，以及其他各种物质和非物质奖励"。对中间的70%"更多是培训教育、积极的反馈和有周全考虑的目标设定。如果发现这部分群体中的某些人具有特别的潜力，那么可以把他们调到不同的业务或职位上，以增进他们的经验和知识，并提升他们的领导才能。"

加强吸引

酒香也怕巷子深，课再好，也要宣传好，让大家知道。因此，我们要通过一些方法吸引优秀的人来报名，比如精美的海报、公司大范围官宣、限定报名人数，以及课程合格后的奖励等。

让我印象深刻的是，田俊国老师在《上接战略 下接绩效：培训就该这样搞》一书里提到，用友大学在成立之初"招兵买马"时，设立了特别政策：通过面试后，立即涨薪水10%。很快，十多位优秀的业务骨干陆续到岗。随后，电脑、教室、服务器等也很快到位。

相反，有些企业的做法则是给员工徒增烦恼，把培训定位为让员工听话的工具，选休息时间进行，地点在公司内部，时不时叫学员回岗位接受新任务，结尾还布置写八股式的总结。这样的培训谁愿意参加呢？于是，各部门派的是可有可无的闲人、刚入职的新人，他们在课堂上发呆、玩手机。

考核甄别

想来参加培训的人也不是照单全收，你要懂得搞一场入学考试或者客户调研，这样可以优中选优，也能激发他们的竞争意识，物以稀为贵。

比如，你要做内训师培训，不如先来一场演讲比赛进行学员选拔。演讲好的人，自然在写作、表达上更有优势，之后开发和讲出好课程，也就顺理成章了。

这部分的问卷设计，可以翻开第5章"辅助"去了解。

天时、人和有了，就缺地利了。

我们都知道《孟母三迁》的故事，孟母多次搬家，最后搬到了学校附近，从而让孟子这个极其调皮的孩子被环境影响成了著名的哲学家、政治家和教育家。那么对于公司内部培训而言，要怎么做呢？

3. 配备导师

培训上级

常言道：加入的是公司，离开的是上司。这说明了一个员工的上级对他工作的影响力度。

因此我们首先要挖掘上级做导师，最好是上级先参加培训或者掌握课程精髓，那么在日常管理工作中，他就能即时指导员工了。

挖掘学员

每次培训，总有些学员努力、聪明，学得更好一些，这时我们就要提拔他们成为辅导教练。先进带动后学，不仅让其他学员受益，对于他们来说也可以教学相长，因为教是最好的学。

营造氛围

除请人做导师外，我们还可以将环境营造成不说话的导师。比如，我的"知行力——让你的学习精、快、好、省"工作坊，就有很多配套资料；再如，知识提示卡和书签。

知识提示卡（见图2-2）略大于手机，内容是一个教练式问题，并附上金句佐证，同时右侧留有空白，便于学员写行动心得。它不仅可以被贴在办公桌的隔板上，还可以放入工作笔记本内，每翻开一次笔记本，就能复习一次知识点。

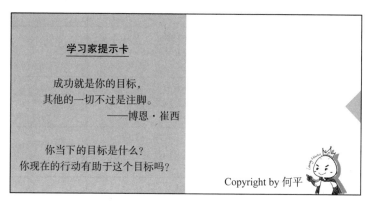

图 2-2　知识提示卡

书签，内容是核心学习方法及半小时读完一本书的流程。可以说，它尽可能地全方位提醒你学以致用。

除个人资料外，公司层面还可以利用电脑屏保、标语、制度上墙、宣传栏知识园地、卫生间贴画、LED 大屏幕播放短片等。

综上所述，我们要让学员身边处处都有着看得见的知识，就像广告牌在楼梯口、电梯里、停车杆上等生活的各个地方无孔不入一样。

工具 5：课程造势表

3 大造势	思考问题	可选项	我的答案及计划
天时：借领导	1. 如何让领导重视	（1）传播"管理工作培训化"的观念 （2）从其关注的需求展开培训 ……	
	2. 如何邀请参与	（1）颁奖 （2）开场讲话 ……	
	3. 哪些成果要以什么形式使其知晓	（1）写新闻稿 （2）汇报与报告 ……	

（续）

3大造势	思考问题	可选项	我的答案及计划
人和：选学员	1. 招募主动的员工		
	2. 如何吸引高潜/骨干员工	（1）海报 （2）奖励 ……	
	3. 如何评估学员现有水平，从而选出优等生参与培训	（1）考试 （2）调研 ……	
地利：靠导师	1. 如何让上级指导学员	（1）先培训上级 （2）给指导清单 ……	
	2. 如何挖掘优秀学员作为辅导导师	（1）课堂积分发现 （2）灌输"教学相长"理念 ……	
	3. 如何营造学习转化氛围	（1）配套资料 （2）环境布置 ……	

以上就是可以精心营造的3大势能。一个人可以走得很快，一群人才能走得更远！

二、护航：课中要全面把控的3件要事

当你面对一项任务时，要学会从用户的角度来描述用户渴望得到的功能，也就是要学会写"用户故事"。一个好的用户故事包括3个要素。第一个要素是角色，包括顾客、读者、员工等，这就要求我们思考：谁要使用这个功能？这项任务是为"谁"而做的？打造这样东西、做这项决策、提交这项成果，我们应该从谁的角度出发？

——《敏捷革命》

护航 = 准备环境 + 明确规则 + 跟进迭代

- 准备环境：如何准备安全、轻松、愉悦的授课环境？
- 明确规则：如何明确倡导和积极参与、游戏化、惊喜的课堂规则？
- 跟进迭代：如何跟进学员的反馈意见并能够迭代课程？

接下来，我们看看要全面把控的3件要事（见图2-3）。

图2-3　课中要全面把控的3件要事

1. 准备环境

首先，我们来设想两个场景。作为学员，如果你走进一个教室，一眼望过去，整洁有序、灯光柔和，桌子上铺着整齐的桌布，还摆放着便利贴、白板笔、会议手册等必备的工具，墙面或白板上贴着须知或欢迎的海报，会让你顿生好感。耳边传来恰如其分的音乐，或柔和或动感，签到处旁摆放着咖啡、茶包、零食等茶歇物品，泡上一杯咖啡，走到放有你姓名牌的座位上，除了咖啡香气，你还能感受到空气的清新。

你是否会觉得今天自己的状态更好了，更想和他人交流了？

相反，如果你走进一个教室，灯光昏暗，LED屏幕白得刺眼；空调正对着你的座位呼呼地吹，冷得你想要逃走去加件外套；座位就像你梦魇中高考的考场，一排排摆放着，离屏幕或讲师还很远，根本看不清屏幕；椅子歪斜着，脚下的插线板差点绊你一跤。

你的心情又会如何呢？倒吸一口气。

以上谈到的是准备条件。就内训课程来讲，很多时候会有培训经理来主导或协助布置，因此这部分不需要自己花很多心思，不过也要注意：

（1）提前调试PPT，确保偏远位置也能看得清楚。

（2）确保话筒到位，音量合适。

（3）自备装备，比如电脑、遥控笔，避免因现场设备出现意外故障或对其不熟悉而尴尬。未来想要进化为职业培训师，这些都是必要的行头。

（4）教室桌椅布置。为了方便小组研讨，通常采用岛屿式，甚至为了拉近彼此距离的体验类培训，还会去掉桌子、椅子，围合成圆形或圆弧。

（5）资料到位，摆放整齐，比如学员手册、桌卡、纸笔、便利贴、海报纸、纸胶带、彩色笔、A4纸、欢迎海报等。

2. 明确规则

除环境条件外，课堂规则和意见反馈，也非常重要，相当于旅行时的安全说明。这里简单谈3点：

（1）准时开场，做好奖励和惩罚。比如，如果要等人、推迟开场，就分享一些特别内容给准时到达的学员，不要让他们空等，或者对迟到的学员或小组进行扣分处理，否则就是在纵容大家不准时、不重视培训。

（2）对于参与发言、手机静音等，可以直接公布一些规则，也可以提前写几条必做事项，再在现场征集学员意见。当学员做到时，可以给予一定的积分激励，结束时发放礼品等。

（3）除课程价值外，还可以用外在的物质和精神激励，比如参与了回答等互动，可以通过抽取扑克牌进行积分。

3. 跟进迭代

课程结尾我们通常会发放电子版或纸质版评估问卷，邀请大家对老师、课程乃至组织工作进行点评。

评估问卷要尽量简单，很多评估问卷过于复杂，不可量化还没有标准，导致学员敷衍了事，随意填写。而且，即使好好填写后的数据，有的也缺乏分析改进的价值，等于做了无用功。

比如，我会这样设计问题：

（1）你最喜欢课程或老师的哪一点？

（2）哪一个知识点，你希望能够多讲一些？

（3）你希望去掉的知识点是哪些？

（4）你还有什么疑问？

（5）关于组织工作，你希望改进哪部分？

（6）给课程打分（1～10分）。

不仅要有书面反馈，还可以约见几个学员，面对面听听他们的感受。

作为培训师，我们自己也要及时进行总结，比如课程中哪些内容或练习能很好地调动学员的积极性？哪些没有实现原有设计的效果？学员的哪些分享值得我们学习并补充进下次课程？下一步如何改进、优化？

如果怕回忆不起来或者不够客观，可以录制视频，事后再以第三者的身份观看。还记得2013年参加一次培训沙龙，我录了音，原本以为我代表小组的发言非常不错，结果一听才知道，充满了"嗯、啊、然后呢"等不必要的语气助词。

工具6：课程护航表

要素	细则	我的准备
准备环境	▪ 通知 ▪ 场地（空间、音乐、海报……） ▪ 桌椅（摆放、姓名牌、桌签……） ▪ 资料（学员手册、资料、道具、纸笔……） ▪ 设备（话筒、音响、电脑、投影仪、遥控笔、白板……） ▪ 茶歇物品（咖啡、茶包、零食……）	

（续）

要素	细则	我的准备
明确规则	手机管控 出席守时 发言倡导	
跟进迭代	课程评估 组织评估 研发评估	

以上就是要全面把控的 3 件要事，成功的准备，就是准备成功。紧抓细节，准没错。

三、落地：课后有效跟踪的 3 把钥匙

> 一位在纽约旅游的游客问警察："你能告诉我怎样才能达到音乐厅吗？"警察回答："练习，练习，再练习！"
> ——《将培训转化为商业结果》

落地 = 考核习得 + 辅导上手 + 激励改进

- 考核习得：如何考核学员的学习成果？

- 辅导上手：如何辅导学员的日常实践？

- 激励改进：如何激励学员养成习惯？

培训师是一种"把别人月薪活成自己日薪"的金领职业。但在当前这个年代有点儿尴尬，因为对培训师的要求越来越多、越来越高，不再是以往讲一口普通话、用着万年不变的 PPT、穿着成功人士一样的西服、喊着高大上的口号就能胜任的了。

为什么呢？因为学员要的不是"笑果"，而是"效果"，光讲段子吸引注意力的培训师将会被淘汰，但讲干货的培训师也不一定就能笑

到最后。因为课堂上的时间实在太短了，不足以让学员彻底地改变原有的行为，养成新习惯，达到柯式四级评估等描述的效果，因此课后的落地措施显得尤为重要。

我有缘在 2018 年认证了陈序老师的"五维教练领导力©"课程（简称"五维课程"），我敢说我拿到了课后有效跟踪的 3 把钥匙（见图 2-4），你也可以借鉴来设计你的课程落地跟踪方案。

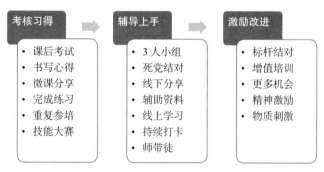

图 2-4　课后有效跟踪的 3 把钥匙

1. 考核习得

在什么时候学习效果最好呢？我的答案是，考试前的那个晚上，甚至是当天的凌晨。为什么呢？因为成绩有关于学分、晋升，因此确保课程效果落地最好的一把钥匙，就是考核。

五维课程面授学习之后，学员需要立即在微信小程序里完成"课后知识测评"，题型丰富，包括"多选、单选、判断、简答、案例分析"等（见图 2-5）。

书写心得，要求以 ORID（事实（objective）、情绪（reflective）、思考（interpretive）与行动（decisional））开展完成 300 字以上的总结。例如，毕业复盘文章包括的内容如图 2-6 所示。

转变身份，从学员到老师，结成 3 人小组团队，带来课程知识点的 45 分钟的微课分享。

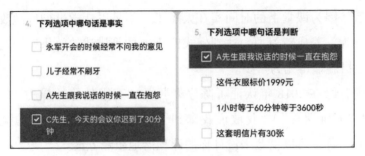

图 2-5　课后知识测评

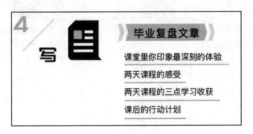

图 2-6　毕业复盘文章

另外,按照学习的艾宾浩斯遗忘曲线,五维还设计了周期性的复习,否则仅凭课上的训练和考试,所学知识很容易被遗忘,技能也会变生疏。

课后需要持续完成至少 23 天的觉察日记等打卡日记(见图 2-7),每日进行自我反省。

图 2-7　打卡日记

而且还可以参加免费复训,每年参加两次五维课程,与课程和新同学"做邻居"。

除以上之外,我再推荐一种一举多得、方便易行的考核形式,即技能大赛。它有3点好处:

(1)大赛需要有评分标准,这就促使企业要制定高、中、低3个技能水平的标准,进而形成公司的能力素质模型、知识体系和规章制度。

(2)它能激发学员间的相互竞争欲望,这是调动积极性的一种妙招。

(3)方便内外融合,可以邀请兄弟公司乃至同行进行交流。比如,我在世界500强车企做培训负责人时,会周期性地举办、承办和参与大型叉车比赛,负责招聘的同事也很乐意来帮忙,因为他们可以从中发现外部人才,从而发出面试邀请。

只有考核就行了吗?也是不行的。因为它只是验证学习效果的一种手段,并不像高考那样一考定终身,面试一次就定结果。因此,我们接下来还要谈谈辅导。

2. 辅导上手

考核往往只帮助学员记住了知识,只是推开了第一扇大门,还有第二扇厚重的大门阻挡着他们,那就是行为的改变。

五维课程对此组织了3人小组,从而完成教练对话、死党教练、小组复盘。

(1)学员需要完成20次教练对话等实践活动,即20小时的训练,还需要对其中10次对话记录的报告进行复盘。

(2)需要跟结对的教练、同学进行每周一次、每次30～60分钟的教练对话。还记得我的好友是诗彤老师,在相互支持下,我完成了我的第一本书《学习的答案》的写作,她顺利拿到了ITS2018百万课酬冠军赛全国亚军。

你以为这样就结束了吗？没有，还需要线上小组总结，三人行必有我师，跟同学们一聊，又补上了很多学习盲区。

因为五维课程是版权认证课程，学员不仅要会，还要会教，我们还需要进行2小时的线下沙龙分享。还记得同学新玉老师的话给了我莫大的激励，她说，"何老师，总结好有觉察力。在教练对话的设计部分，对两种对话的区分非常清晰……何老师能够当场这样做教练对话，我已经被落下很多啦！先完成再完美"。

那么，如果学员在实践时忘记了课程的知识点，怎么办呢？五维还给大家提供了让人眼花缭乱的资料包（见图2-8），远远超过了课程内容，而且还包括了课程底层落地、线上微课等资料。在我拷贝到U盘里，有足足7个G大，包括讲师手册、逐字稿、思维导图、课程视频、视觉笔记等，可以说3年后的今天，我都还没看完一遍。

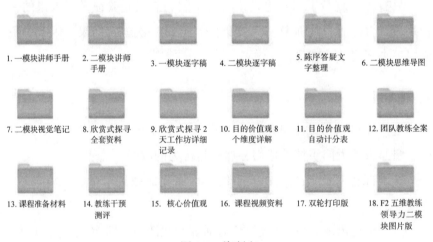

图2-8 资料包

不要怕资料太多，你难得翻开，五维给大家提供了纸质的"五维教练工具卡"（见图2-9），以及线上"AI智能教练工具"（见图2-10）。

图 2-9　五维教练工具卡

图 2-10　AI 智能教练工具

如果你怕一个人练习孤单，还有线上共修的教练健身房"教练实战营"（见图 2-11）。可谓是只有你想不到的，没有五维给不出的。

以上五维的标杆做法，对我们在企业内部开展培训有什么启发呢？

（1）训后一个月，让学员打卡，每天练习一个小技能。潜移默化，最终达成柯式三级转化。

	Mon.	Tue.	Wed.	Thu.	Fri.	Sat.	Sun.
	10/4 二模块课程	10/5 二模块课程	10/6 实战营开营	10/7 晨练 (瞩目平台)	10/8 学员分享	10/9 晨练 (瞩目平台)	10/10 Q&A CCF核心能力
	10/11 加餐 晚教练Demo	10/12 晨练 (瞩目平台)	10/13 彩蛋工作坊	10/14 晨练 (瞩目平台)	10/15 学员分享	10/16 晨练 (瞩目平台)	10/17 Q&A CCF核心能力
	10/18 加餐 晚团体督导	10/19 晨练 (瞩目平台)	10/20 彩蛋工作坊	10/21 晨练 (瞩目平台)	10/22 学员分享	10/23 晨练 (瞩目平台)	10/24 Q&A CCF核心能力
	10/25 加餐 晚团体督导	10/26 晨练 (瞩目平台)	10/27 彩蛋工作坊	10/28 实战营结营			

图 2-11 教练实战营

（2）建立"师带徒"体系，让员工有一个可以面对面的师傅，之前"配备导师"提到过让上司、同事做师傅。但是，因为他们可能并没有培训师专业资格，因此为了让他们提升辅导能力，降低辅导难度，你可以给他们提供一套操作表单，就像我们课程配套的表单一样，如果再加上如何辅导的表单，就更好了。

你可能会说，"哎呀，我的课程还没设计出来，我也不知道如何设计辅导表单"。那我给大家一个百搭的辅导模型，就是基于教练技术的GROW（目标、现状、方法、计划）模型。比如，我要辅导你优化培训课程的效果，就只需用这个模型问你："目标：你期望实现什么？现状：现在情况如何？方法：有哪些方法可以参考？计划：你接下来准备怎么做？"通过这4步，就能够帮助你得出自己的答案，而无须我给出具体建议。

3. 激励改进

辅导结束之后,当学员学会这个技能时就可以画上句号了吗?还不可以,非常重要的是要加以表彰,从态度和动机上去激励他,让他打开最后一扇门——习惯之门。

比如,让他与专家、高管结对子。给他家人写封表扬信,发荣誉奖杯、聘书,邀请他成为内部讲师、教练,进行各种宣传(公共号文章、食堂电视播放、张贴光荣榜),重大活动前排就座,设立特别节日活动、年度评选、专属勋章、感谢信、纪念品、津贴、奖金、晋升、绩效加分、出书、外部参观交流优先名额。

在五维则采用的是发放免费听课名额等奖励,比如有两大后续训练营:教练训练营和讲师训练营。只要通过上面提到的考核后,就能享受价值超过10 000元、总共4天的线下培训,不需要额外付费。之后,还可以开线上教练店铺,在线接单,推广个人品牌,完成知识变现。

工具7:课后跟踪表

要素	细则	我的做法
采取考核	▪ 周期进行 ▪ 技能大赛	
采取辅导	▪ 师带徒 ▪ 操作表单、辅导表单 ▪ GROW辅导提问:目标、现状、方法、计划	
采取激励	给家属写封表扬信,发荣誉奖杯、张贴光荣榜,发聘书、证书,进行各种宣传(公共号文章、食堂电视播放……),重大活动前排就座,节日活动、年度评选、专属勋章、感谢信、纪念品、出书、出专辑等	

讲到这里,课后有效跟踪的3把钥匙就给到你手里了。总而言之,培训的结束绝对不是学习的结束,而是培训真正产生价值的发令哨音。

世界卫生组织(WHO)1990年的统计发现,全世界有1亿多人生活在一种虫子肆虐的地区，每年有300多万人感染。这种虫子会寄生在人体内，还会穿透人的身体，从胳膊、大腿钻出来，它就是让人闻风丧胆的麦地那龙线虫。

调查发现，尼日利亚的村民感染麦地那龙线虫病，是因为村民饮用了带有虫卵的水。因此，看起来只需要培训村民，一要必须过滤用水，二要患者不得接触水源（为了缓解痛楚，患者往往把身体浸泡在水中，这就让更多虫卵污染了水源），就可以了。但有那么容易吗？

到尼日利亚村庄实地考察的霍普金斯医生发现这太难了，他不仅要培训村民过滤用水的方法（细致到村民不至于让瓦罐底部的脏水污染已经清洁的水），更要命的是：

（1）他需要取得当地村民的信任，因为他是一个外来者，建议并不被村民采纳。他需要协调各部落之间的关系，因为虽然其中一个酋长喜欢他，但另外两个部落的酋长跟这个酋长交恶。

（2）他需要为患者提供纯净饮用水和收入，因为患者在感染后就不能去水源附近打水或工作了。

（3）他需要提供过滤水的设备、物资，甚至调整村庄的布局，以便村民不会轻易地污染水源。

其中：

（1）就是"造势"要解决的问题。霍普金斯医生有一个优势，他除了是医生外，还担任卡特中心医疗项目的副总裁。卡特中心是美国前总统卡特发起的，这意味着他能调动包括总统在内的众多资源。他还做了3件事：①他和团队用数据和通报去提升当地国家领导人对病情的关注（例如，尼日利亚领导人以为这种病只有几千例，但实际超过了65万例）；②他努力取得当地酋长的支持，以便影响酋长和村民们；③实施项目时，他还在各个部落物色受人尊重的村民，通过这些村民去培训其他村民。霍普金斯医生颇有感触地说："我们传达的信息固然重要，但由谁传达信息更加重要。"

（2）就是"护航"要解决的问题，过程中设置了以下规则：如果有人不过滤用水，其他村民必须当面指出其错误行为；如果有人发现邻居隐瞒了感染麦地那龙线虫病的情况并告知了酋长，便会得到一件带有醒目的消除病害标志的T恤衫作为奖励。项目还发动村民帮助患者打水，甚至代替患者下地劳作，以便满足其生计需求。

（3）就是"落地"时要提供的支持。比如，霍普金斯团队请美国前总统卡特与杜邦公司沟通，开发了一种尼龙纤维，它可以编织成价格低廉、持久耐用的布料，进而做成裙子，并将它提供给当地妇女用来过滤水源。在印度，工程师还开凿了大量洁净的水井。

通过不懈的努力，麦地那龙线虫病从1986年16个国家共计350万报告病例，锐减到了1995年的近13万例，而2018年的数据则是28例。这个曾经微生物课里的重点内容，已经在2014年从课本里删除了。

这是培训的胜利吗？我更愿意解读为变革的胜利。

培训绝不是一两个人的事，或者一两句精彩的口号，或者两小时想改变企业文化的课程，它是公司上下人人都要参与的改变和革命！

光组织好，课上没干货，也不行。第三章将告诉你如何实用地萃取标杆经验。

CHAPTER 3
第 3 章

内容

如何实用地萃取标杆经验

思　考

你课上讲的内容，应该从哪里来？

一个知识点，怎么讲才更有逻辑性、更清晰易懂？

如何排列一大堆知识点，谁前谁后？

> 华为公司最大的浪费就是经验的浪费。
>
> ——徐直军，华为轮值 CEO

如果将课程开发比作做菜，那么第 1 章"目标"，是我们定好了要吃什么菜；第 2 章"组织"，是进行宴席安排；本章则是准备做菜的原材料。

吴建国老师在《华为团队工作法》一书里提道："华为把个人的成功经验提炼成标准化教材，并规模化推广，具体分 3 步走。第一步，在全球五大洲分别找出业绩最好的国家代表，把他们召回总部，让他们分别列出开拓海外市场的关键问题清单。把他们列出的问题进行对比，发现其中将近 2/3 是重叠的。把重叠的部分整理为 8 个关键问题：关税问题、建厂问题、劳工问题、政府关系问题等。把这些问题搞明白了，开拓海外市场的问题就基本解决了 70%～80%。

"第二步，把这 8 个关键问题变成 8 个培训主题，分配给 5 位国家代表，每个人负责一两个主题的培训开发，包括编写教案、制作课件和实际登台教学。其间会有培训专家对这 5 个国家代表进行专业辅导。

"第三步，招募学员进行实战培训。华为就是通过这种方式，培养了数以百计的国家代表，保障了华为海外业务的快速扩张。"

本书第 1 章就是完成以上第一步的任务，让我们搞懂哪些是学员要搞定的问题。本章将会帮助你完成第二步中准备教材的任务，我们将通过"挖掘、重述、编织"三节展开。

希望本章结束时，你可以根据你的课程主题写出至少一条经验，并丰富为"一个人"模型，最后画出课程知识体系图。

一、挖掘：收集标杆经验的访谈法、读书法

> 每天写 100 字总结，3 年下来就能出版一本书了。
>
> ——何平

为了准备授课内容，你可以运用三步访谈法、三步读书法

- 三步访谈法：选对人、提好问、做区分
- 三步读书法：选好书、看目录、找行动

1990 年，国际拯救儿童基金会指派一位名叫史坦宁的专家到越南，希望他在 6 个月内协助当地解决儿童营养不良的问题。抵达越南后，他从当地政府官员等口中了解到，儿童营养不良的问题有公共卫生差、平均收入低、教育不普及等诸多原因。这时候，如果你是史坦宁，你会怎么做？

你可能会说，"请求国际援助"，但这个答案治标不治本，没法持续得到援助；你可能会说，"那就增加耕种面积或引进新的种子"，但是只有 6 个月，时间来不及。

那么史坦宁是怎么做的呢？他决定，暂时先放下一些想当然的外部经验，而是去调研，想办法复制亮点。

史坦宁在当地农村四处拜访，测量各个地区孩子的身高和体重，从而发现了一些家境同样不好，却长得比别人高壮的孩子。最终他发现 3 条家庭经验：

（1）相比于一般家庭一天吃两顿饭，亮点家庭分成三餐吃饭，虽然每餐分量也少了，但更利于吸收。

（2）相比于一般家庭吃饭时一拥而上，小孩子抢不到饭，亮点家庭先让孩子吃饱，尤其是生病的孩子。

（3）相比于一般家庭觉得虾、螃蟹是大人吃的，地瓜叶是牲口吃的，亮点家庭把它们捣碎给孩子补充蛋白质与纤维素。

随后，史坦宁将这3条经验大面积推广，从而成功地在6个月后改善了当地65%的孩子的营养不良问题。最后，总共影响了越南265个村庄、220万人。

这个故事对你来讲有什么启发呢？其中蕴含了我们挖掘标杆经验的方法论（见图3-1）。我们从访谈和读书两方面来谈谈，而要效果最好，自然是开发时两者兼顾。

图3-1　三步访谈法和三步读书法

1. 三步访谈法

选对人

通过绩效考核成绩等，选出曾经解决过问题的标杆。史坦宁并未咨询外部专家，而是亲自深入现场，找到当地具有同样条件但做得好的家庭。在开发课程时，内训师最好自身就是课程主题的专家，而且还能够抽时间调研一群专家。

提好问

最核心的一个问题是：对于解决××问题，作为标杆的你是如何做的？

为什么问的是"你是如何做的",而不是"你知道什么"?因为知识没有用就没有用,与行动无关的单纯信息,对于想解决问题的我们来说,是没有意义的。

举个新中国扫除文盲的例子。1949年,新中国扫盲之前,人口识字率约为20%,而在2021年第七次全国人口普查数据中,识字率上升到了97.33%[一]。这一切经过了怎样的过程?黄俊峰在《中国"扫盲"记:十几年扫掉上亿文盲,运动员起跑线上比写字》[二]一文中有详细描述。

扫盲运动早期,各地通行的方法叫作"三五教法",即一天教三到五个生字,军营里采用的也是这样的办法。看似化大为小,步步为营,但是"由于只靠死记硬背,对于低起点甚至零起点的战士来说,经常是'熊掰玉米',记了又忘,实际的学习进展十分缓慢。"你有没有发现这跟低效的英文单词背诵,或者课上讲授大段无关学员问题的做法神似?

后来,西南军区文化干事为寻找解决办法冥思苦想,他想到了自己小时候是先学习注音字母,再通过查字典,"无师自通"地学会了更多的汉字。于是,他首创了一种先教战士注音字母,再教他们掌握拼音规律,然后集中教大量的常用字并注音的"速成识字法"。这样的话,一天可以学习一两百个汉字,大约在150个小时的教学时间内,就可以达成原本看着遥不可及的1500~2000个汉字识读的目标,实现脱盲。因为这种教学法行之有效,很快被推广到各大军区。

这不就是经验萃取吗?从一个人的成功经验复制到大家的成功经验,就像我的第二本书《能力的答案》里倡导的那样,先学习多元能力模型,然后推而广之,这样就可以以点带面,一通百通。知识是学不完的,正如庄子所说:"吾生也有涯,而知也无涯。以有涯随无涯,

---

[一] 数据源自《第七次全国人口普查主要数据情况》,国家统计局网站。
[二] 瞭望周刊社澎湃号"瞭望智库",2019-09-28。

殆已!"

但在部队中"所向披靡"的速成识字法转入"民用"时,因为学员、环境、资源的不同,效果大打折扣。官兵多为青壮年,有时间、有教员,相反,广大农民要干农活,又缺乏老师。怎么办呢?

"从群众中来,到群众中去",还是经验萃取,在群众中找标杆,然后再到群众中去实践。山东省莒南县高家柳沟村,解放初期全村只有9个人识字,村里兴办农业生产合作社时,对于一些人名、地名、工具名,记工员经常写不出来,有的做记号,有的干脆就直接用脑子记,结账时往往就成了糊涂账。于是,村青年团支部研究出了一个对策,先创办记工学习班,更重要的调整是,教学内容与"培养记工员"紧密地结合起来,教授姓名、地名、农活、农具、牲畜等有关的字词,总之,就是"干什么学什么"。效果很好,先后参加学习班的115名青年,19人当上了记工员,92人能够记自己的工账。

这不就是现在提的场景化教学、训战结合。(扫盲工作的成功当然不止以上两点的功劳,还有汉语拼音、九年义务教育等文化普及、制度建设、社会变革的综合作用,这里仅摘录经验萃取的部分。)

好的问题就是问"如何做":在工作场景下,标杆怎么做的?"模仿"可以说是学习的代名词。

实际操作时你可能会遇到3个难题,比如,你遇到的标杆不一定是专家,也就是对方自己会做但还不能很清晰地表达出来,因此你可以接着问:"能不能举个例子或现场展示一下?"

又如,你可能会遇到标杆说得不够具体,他用一两个专业术语就概括完了,你可以接着问:"你能不能详细地说一说,第一步、第二步、第三步?"或者"一般分为几种情况,分别怎么做?"

再如,你可能会遇到标杆说:"太简单了,没什么好说的。"那你就可以问区分度问题:"老手与新手的最大区别在哪里?新手最容易犯错误的地方在哪里,如何避免?"

以上就是还原情境、建立模型和区分关键的3类好问题。下面是更详细的清单。

工具8：经验萃取提问表①

访谈标杆

步骤	细节	答案
模拟情境	1. 能否描述一个典型的成功的案例或者故事	
	2. 此类任务有几类典型的工作情境	
	3. 针对每种情境，能否详细地描述一个故事（包括时间、人物、关系、行为、情感、情绪、结果）	
建立模型	1. 假如你现在面临××情形，你会怎么做？先做什么，后做什么	
	2. 请你把完成该项任务的过程，分解成子任务或者子流程（3～6项）	
	3. 如果用一个流程图来表示你的工作方法，你会如何绘制	
区分关键	1. 每一步的工作方法、技巧、窍门或误区是什么	
	2. 哪些是关键环节和关键行为，为什么	
	3. 在每一步中，专家与新手的最大区别在哪里？新手最容易犯错误的地方在哪里？如何避免	
	4. 哪些信息你会选择忽略？哪些信息是专家能识别但他人识别不了的	

做区分

得到答案后，你也许会发现，你面前这个"标杆"其实有点儿名不副实。因为他的成功与方法无关，而与天赋、人脉有关。那你就要学会区分，删除这些个别例子。

最后就能得到人人可以学习的方法。

说完了对人的访谈，我们再来看看性价比最高的挖掘方式——读书。这里的书指的是显性化的经验，因此操作手册、规章制度、纪录影片等也算。

那又应该怎么收集呢？我们不妨依葫芦画瓢，借鉴刚才的访谈三步做迁移。

2. 三步读书法

选好书

首先，看公司内部现行的规章、制度、规范。要求什么，就学什么，准没错。

其次，我在《学习的答案》一书中提到了7种选好书的办法，其中效果最好的是请专家推荐，比如你可以在访谈大咖，在与各行各业的大咖交流时请他们推荐好书。

只要你掌握了搜索关键词的技巧，网络上有海量的信息，如百度文库、得到、知乎、哔哩哔哩等。

看目录

一本好书的目录应该是非常清晰的，我们可以针对开发课程的需求，翻开对应的章节来收集资料。

假设你要开发时间管理课程，我们以曾任麦肯锡咨询顾问的胜间和代的《时间投资法》一书为例。

前言

基础篇

01 为什么高效管理时间这样困难

02 为什么新行动总是难以坚持

03 黄金时间的5个原则

  原则① 不惜在任何方面投资以创造时间

  原则② 重视单位时间所创造的成果

  原则③ 不要做没必要的"滥好人"

  原则④ 优先做喜欢、擅长和赚钱的工作

原则⑤　计划要安排得随性、宽松

04 增加黄金时间的 5 个步骤

步骤①——把握现在面临的问题

步骤②——选定不该做的事情

步骤③——选定可以委托别人做的事情

步骤④——提高非得自己完成的事情的效率

步骤⑤——综合实践新的行动方案

实践篇

05 实践事例分析①

06 实践事例分析②

比如你要开发坚持新计划的课程，当然看 02，如果你要解决管理者凡事亲力亲为、大包大揽的问题，那就看原则③或步骤②，以此类推，总之要像查字典一样看书，而不是从头到尾逐字阅读。要想知道更多巧看好目录的方法，欢迎大家翻看《学习的答案》第三章"致用学习"中的第二节"萃取方法"。

找行动

翻到对应的章节，你要注意看有明确步骤和原则的方法，而不要只看故事或泛泛而谈的内容，这些都不是可以指导行动的信息。

例如，下面两段话，你觉得哪一段是更明确、对行动更有指导意义的信息呢？

A. 孩子是一个成长中的人，不仅他的能力还在培养之中，他的价值观也在建立之中。就是说，我们的孩子不会自动把事情做对，他们出差错是完全正常的。当孩子因为不知道什么是对错而把事情做错时，家长应该及时帮助孩子分清是非，并通过鼓励把孩子从迷茫中解救出来。

B. 如果父母用"我-信息"来表达，孩子就更有可能改掉坏习惯：

①说出观察到的"坏行为";②分享自己当时的感受和情绪;③说明这种行为对父母造成的实际而具体的影响。

显然后者对行动更有指导意义,因为前者的"分清是非""鼓励"等关键词都不够明确,不具备可行动性。

这里提醒大家一个问题,边读边去思考,这段内容"对学员而言,能否模仿,一步步行动"。如果能,才收集。更多详解,欢迎大家翻看《学习的答案》第三章"致用学习"中的第二节"萃取方法"。

工具8:经验萃取提问表②

读书收集

步骤	细节	答案
选好书	来源: • 大咖推荐 • 已读好书推荐 • 伙伴推荐 • 目录及试读鉴定 • 有配套课程 • 其他	
看目录	哪一章节与课程的关键词有关,能解决学员的问题	
找行动	方法是否具体、可执行: 行动:有哪几个步骤/哪几个原则 可执行:学员能模仿做到吗	

读书法是站在前人肩膀上的快速方法,强力推荐给无论是做专业研究,还是忙于日常工作的大家。为了帮助大家理解,再给大家分享一个系统案例,教大家如何借助经典主题图书轻松地完成内容构建。

一天,你接到大领导的命令:"我觉得员工的职业化认知需要提升,比如责任心、团队协作意识、集体荣誉感等,下周要组织一场培训。"

时间有限,你来不及像第1章说的那样做细致调研,于是你决定先完成再完美,先借助经典图书开发一门课讲了再说。这样做一举两得,既可以完成领导交办的任务,又可以通过课上交流,了解真实状况和员工想法。

说干就干,你利用关键词"责任心、团队协作、集体荣誉感"(或近义词),加上"经典图书"关键词,在百度、微信读书、得到、搜狗和微信等上面查找资料。

结合自己的经验和请教相关专家之后,你决定选取《团队协作的五大障碍》这本书。因为它既有培训业界的知名度,又出到了"十年典藏版",你对它的影响力和经典程度相当有信心。

翻开微信读书App里的电子书,通过目录你惊喜地发现这就是何平老师在《学习的答案》里所说的"版权培训课程类图书"。想必在此基础上开发课程会更省力。

接下来,为了收集到更多资料,你还在百度文库等文档平台进行了搜索,下载了相关课件,还在得到听书里查到了听书资料,在腾讯视频、哔哩哔哩里搜到了视频。

接下来的工作就是梳理资料、产出课程内容。你想到了以下4种途径。

看原书(以原书电子版为例)

好处:原汁原味。

挑战:工作量大。

你用上《学习的答案》一书里提到的主题阅读方法,搭建"Q-A"框架。

先从目录来看,第一部分是寓言,第二部分是模式,显然模式部分是提炼的模型与方法,因此重点看第二部分。有了框架再回过头来抓取案例。

第二部分的结构:

(1)模式概述,是模型简介。

（2）团队评估，是行为测评。

（3）了解并克服5大障碍，是方法详解。深入阅读了"第一大障碍：缺乏信任"，了解其结构为：

a. 缺乏信任是什么，其出现时导致怎样的恶果。

b. 缺乏信任时、充满信任时的表现。

c. 解决方法：个人背景介绍、成员工作效率讨论、个性及行为特点测试、360度意见反馈、集体外出实践。

d. 团队领导的任务：率先承认不足，建立安全环境，真诚分析弱点。

e. 与第二大障碍的关联。

因此你决定照搬课程结构：

一、团队协作的5大障碍简介及测评

二、1. 如何建立信任

三、2. 如何接纳冲突

四、3. 如何积极投入

五、4. 如何承担责任

六、5. 如何直面结果

这就是我们课程的目录了吗？不一定，我们最好根据领导需求和方法的可行度，进行内容筛选。

前者因为需求词语是"a. 责任心；b. 团队协作；c. 集体荣誉感"，那么我们就关联：

a：四、五

b：二、三

c：六

接着，按照前后顺序做微调，按照客户企业的语言进行重述：

一、职业化团队认知的三项修炼简介与测评

二、如何建立团队协作意识（建立信任＋接纳冲突）

三、如何提升责任心（积极投入＋承担责任）

四、如何树立集体荣誉感（直面结果）

接下来，细致阅读对应章节的内容，形成二级大纲。以第二项为例：

二、如何建立团队协作意识

1. 个人背景介绍

2. 成员工作效率讨论（容易引发不安全感，后置）

3. 个性及行为特点测试

4. 360度意见反馈（不具体、不熟悉，就删除）

5. 集体外出实践

6. 主动挖掘争论话题

7. 提醒价值

8. 托马斯－基尔曼冲突模式测试工具

删除不合适的内容，并按照"操作易难、难度低高"的原则进行重排序：

二、如何建立团队协作意识

1. 个人背景介绍

2. 个性及行为特点测试：DISC、MBTI、托马斯－基尔曼冲突模式测试

3. 集体外出实践

4. 成员工作效率讨论

5. 主动挖掘争论话题、提醒价值

在此基础上，如果有时间再结合标杆调研，补充方法或案例。接下来，就可以用书里相关方法的文字制作PPT了。

借助培训课件（以课件"××分享：克服团队协作的五种障碍"为例）

如果你这周特别忙，连做课件的时间都没有了，那么我推荐以下"借船出海法"。

好处：快速制作课件。

挑战：限于课件水平和公司要求，可能会出现看不懂原有内容或者需要改为公司课件模板的情况。

在此，因为版权等，不展示调整前后的具体课件，以文字做简述：

原有课件主体部分，按照"五大障碍的表现、克服障碍 1 的办法、克服障碍 2 的办法……"展开，类似"现象是什么，原因是什么，方法是什么"这种演绎结构。

为了便于理解，我们按照《金字塔原理》里的建议，改为归纳法论述，这样可以更清晰、更简洁：

一、建立信任（克服障碍 1）

1. 缺乏信任的表现

2. 建立信任四步法

二、掌控冲突（克服障碍 2）

1. 惧怕冲突的表现

2. 掌控冲突的理想冲突点与良性三要素

……

（备注：具体字词沿用课件的表述）

后续可以根据授课时长，去增减内容、补充经典和自我案例，以及安排教学活动。

借助现成分享文字（以得到听书为例）

如果你平时上台的机会少，当众脱稿演讲的经历也没几次，现在给你课件你也讲不了，那么我推荐你"生米煮成熟饭"法。

好处：快速输出，便于制作微课等。

挑战：需要制作课件。

以得到听书"《团队协作的五大障碍》解读"为例，你已经有了约半小时、8000 字的讲稿了，你只需为每一段或相关几段加上标题。分析结构如下：

前言

1. 开场

2. 书、作者、形式（另外，这本书的体例格式）

3. 问题、目录

第一部分

1. 背景

2. 两次会议

3. 三个方面

4. 结果

第二部分

1. 缺乏信任

（1）归因错误

（2）聊聊个人背景

2. 惧怕冲突

（1）房间里的大象

（2）建设性冲突

3. 缺少共识

（1）不及时、不明确

（2）四个方法

4. 逃避责任

（1）视而不见、打小报告

（2）优缺点反馈

5. 无视结果

（1）各自为政

（2）区分团队和个人结果

（3）承担事务性工作

（4）管理层团队作为第一团队

（5）主题目标

第三部分：管理者原则

（1）身先士卒

（2）价值观清晰

（3）重视开会

（4）刻意练习

总结

你对应做课件就行，最简单的方法莫过于将以上要点写在每页左上角，内容配一张图就行。要点都不用写，课后送上文字稿就好。

只要不商用，只是在公司内部分享，标注好出处，相信不会有法律风险。

借助视频或音频资料（以腾讯视频为例）

你本来信心满满准备开干，突然家里孩子生病了，或者另一半出差了，父母还在老家，朋友们除了约你吃饭外，帮不上半点儿忙，怎么办？

我推荐"多媒体翻转引导教练式培训法"（其实就是当个录像厅放映员）。

好处：实施方便，融合了视觉、听觉多感官，可以增加学员参与人数。

挑战：领导会认为你没花心思，觉得你在敷衍；需要培训师的教练引导，以及讨论主持能力。

找到相关视频，事前快放一遍，找出重点内容的时间段，比如故事讲述、要点讲述、幽默讲述等高能量片段，尽量分成10分钟一段或更短长度。冗长的理论简介则概括后现场口述。

课上分段进行播放，播放一段，然后就提问。比如，请各小组讨论刚才片段里主人公用了什么方法：主人公面临什么情形，他是怎么做的？先做了什么，后做了什么？每一步的窍门是什么？

有没有发现，以上问题就是"经验萃取提问表"里的问题？其实教和学是一体的，教是最好的学。因此，凡是你想教给学员的知识，以及你在准备阶段做的事，都可以让学员学了教给你或备课。

快速成课的4招儿（看原书、借课件、讲书稿和播视频）都教给你了。就像你吃饭可以采取多种方式，比如自己去菜市场买菜做、买净菜炒、蒸熟半成品或者微波加热成品便当。

以上就是收集标杆经验的访谈法、读书法。"读万卷好书、找标杆指路，才是好出路"。

你有没有发现同样一件事，有些人抓耳挠腮说了半天，让人一头雾水，只想打断他，有些人却能三言两句就讲明白？这背后不是沟通能力的高低，而是结构化思维的差异。

虽然上面系统案例展示了结构化梳理的操作，但编写结构化教案的要诀，我还要专门用一节与你分享。

二、重述：描述实用经验的"一个人"模型法

> 搞懂 Why、What、How，走遍天下都不怕。
> ——何平，《学习的答案》

"一个人"模型 = How + What + Why + 其他

- How（做法）：如何做？

- What（名称）：这个方法叫什么？

- Why（价值）：做了这个方法有什么好处？

- 其他：略。

要想全面、具体、结构化地表达一个知识点，应该怎么做呢？为你介绍"一个人模型"。

1. "一个人"模型

阅读下面这段话，用自己的话加以重述，并写下来。

为了彼此能乐于互助，我们专注于4个方面——非暴力沟通模式的4个要素。

首先，留意发生的事情，我们此刻观察到了什么，不管是否喜欢，只是说出人们所做的事情，要点是，清楚地表达观察结果，不判断、不评估；接着，表达感受，如受伤、害怕、喜悦、开心、气愤等；然后，说出哪些需要导致那样的感受。一旦用非暴力沟通诚实地表达自己，这3个要素就会得到体现。

举例来说。一位母亲对儿子说："费利克斯，看到咖啡桌下的两只脏袜子，我不太高兴，因为我看重整洁。"

接着，她立即提出非暴力沟通的第四个要素——具体的请求："你是否愿意将袜子拿到房间或放进洗衣机？"这一要素明确告知他人，我们期待他采取何种行动来满足我们。

写好了吗？现在来看看我的做法："一个人"模型法（见图3-2）。

左手

首先，伸出你的左手，大拇指代表名称 What——"方法是什么"。

其次，请看看你的食指，它代表价值 Why——"为什么要用这个方法"。

最后，剩下3根手指代表方法 How——"那具体怎么做呢？1……2……3……"

讲完左手的寓意，你有没有觉得它像一把手枪，名字刻在大拇指

What上，子弹安装在中指、无名指和小指的How上，打出去就飞向食指Why的方向。

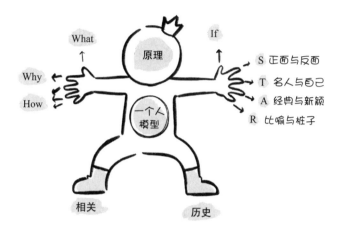

图3-2 "一个人"模型法

那么，用左手来重述以上段落，就是：这段话讲的是非暴力沟通FFNN，运用它能帮助沟通双方乐于互相帮助。具体有4个步骤，分别是陈述事实（Fact）、表达情绪（Feel）、说出需求（Need）、提出请求（Next下一步可以做……）。

右手

现在我们换到右手，大拇指代表适用范围If——"在××情况下，这个方法有效果"。

剩下还有4个手指，代表例子，有2组意思。第一组代表流程4个要素——STAR模型，依次是背景（Situation）——"例子发生在什么背景/情况下？"目标（Target）——"主人公有什么目标/愿望？"行动（Action）——"主人公采取了什么行动/动作？"结果（Result）——"最后得到什么结果/解决？"第二组代表4种类别，分别是正面（例子）与反面（例子）、名人与自己、经典与新颖、比喻与桩子。

总之，有左手理论就要有右手例子，这样才能更便于听众理解。那用右手来复述，就是：这个方法尤其适用于沟通负面事件。举个例子，一个叫费利克斯的人总是乱扔袜子，他妈妈想和他平和沟通，一起改变这种习惯，因此，她利用非暴力沟通 FFNN 这样说："我注意到咖啡桌下有一双脏袜子（这一步是陈述事实），我感到不开心（表达情绪），因为我注重整洁（说出需求），因此你是否愿意将它们放进洗衣机里或者拿回自己房间呢（提出请求）？"相比于我们一般会采用的劈头盖脸一顿骂或拐弯抹角的讽刺，这种非暴力沟通，会带来什么结果呢？肯定对方更容易接受，对吧。

头与脚

头指的是原理，脚趾的是与方法相关的理论以及自身的发展历史。比如，"这个方法背后顺应了一个原理，就是人们会对指责有天然的反抗，而对事实比较容易接受。因此，第一步是陈述事实，指出双方都能观察到的客观事实，而不是一上来就指责'你这个人怎么那么邋遢''你怎么老是这样"。

那是不是所有的沟通都要先说事实呢？其实不是，有一种基于金字塔原理的沟通，就强调先说结论。简单说，职场高效沟通用"金字塔"，家庭情感交流用"非暴力"。

非暴力沟通，是不是会让你联想到圣雄甘地领导的"非暴力不合作"运动呢？是的，它摘选自马歇尔·卢森堡的《非暴力沟通》一书，确实是借用了"非暴力"一词。

如此用"一个人"模型法来重述，是不是方法就更全面、具体、结构化了呢？

为了帮助你掌握，我梳理了一张清单（工具9：课程方法表），我们来复习一下。

工具9：课程方法表

TRH	
原理（Theory） 这个知识点背后体现了什么原理	
WWH	**IE**
名称（What） 这个知识点叫什么	使用范围（If） 这个知识点适用于什么情况、场景或条件下
价值（Why） 掌握了这个知识点有什么价值/好处/结果	例子（Eg.） 有什么例子，能佐证或体现这个知识点、流程、种类和场景
方法（How） 如何做，就能实现应用这个知识点	
相关知识（Related knowledge） 与这个知识点相关的知识有哪些？相似的观点是什么，相反的观点是什么	历史、人物（History） 这个知识点是如何产生的？创始人是谁？他有什么背景？知识点有什么发展，有什么代表人物

掌握这个工具之后，能够帮助你成为掘金人。今后无论是想结构化梳理自己的工作经验，在日常沟通中有效地让他人明白自己的意思，还是要给他人全面培训一个知识点，都可以手到擒来了。

你可能会认为很难，要一下子兼顾那么多方面。我想说，不用着急，搞懂Why、What、How，走遍天下都不怕了。

接下来，选取其中的What和Eg.展开讲讲。

2. 如何提炼名称：让学员牢固记忆

如何定义一个概念呢？

一个概念，就像一颗钻石，有很多切面，从每一个面看过去，都是一个形状。为了尽可能还原全部，我们需要从各个角度看一看。

那么概念会有哪些面呢？

（1）流程。

（2）原则。

（3）结果（抽象层次）。

（4）适用范围。

（5）例子。

（6）原理。

（7）历史。

（8）比喻（舞蹈、动作、物品、图像、歌曲、动植物等）。

（9）水平阶段。

……

那么如何下定义，给出名称呢？

首先，写出以上各面的答案；其次，组合各面，用框架语言等去呈现。

举例：教练技术是什么？

（1）流程：例如，GROW［Goal（目标设定）、Reality（现状分析）、Options（方案选择）、What（做什么）+ When（何时）+ Who（谁做）+ Will（意愿）］。

（2）原则：例如，人都是本自具足的。

（3）结果（抽象层次）：例如，达成目标和成为更好的自己。

（4）适用范围：例如，对方有一定经验。

（5）例子：略。

（6）原理：例如，三脑原理。

（7）历史：例如，添高威在担任网球教练时发现……

（8）比喻：例如，即兴戏剧、比心、镜子、马车、*You Raise Me Up*（歌曲名《你鼓舞了我》）、狗等。

（9）水平阶段：例如，会提问、会聆听、会觉察。

那么，组合（1）（2）（3）（4）（6），就可以得到一种定义：教练技术是教练基于三脑原理、在"人都是可以"的原则下，帮助有一定经验的客户，通过 GROW 流程，达成目标和成为更好的自己的一种谈话形式。

这时你会发现，名称其实没有对错，只是每个人管中窥豹的产物；概念没有好坏，只有他人是否接受。你也可以下任何定义，不要以为书上的定义多么神圣。

对于课程开发里的名称定义的方法，有以下常见 4 种要诀。

重字诀

重指的是某些字词重复出现。

例如，好课的四得标准：听得进、说得出、想得广、做得到。

知识四化：做法流程化、流程动作化、动作标准化、标准分值化。

培训师四性：讲解逻辑性、表达生动性、设计科学性、教学艺术性。

还有在后面会详细讲解的"锻造自信讲师范儿七度演绎"：眼神自信度、表情匹配度、声音起伏度、形象专业度、手势开放度、站姿挺拔度和走动感染度。

我的好朋友、"MTP 企业中高层管理技能训练教程"认证讲师杨旭老师，分享给我的"高效执行六到位口诀"，就重复了"到位"两字，还很押韵：目标到位，干活有味；人才到位，万事俱备；授权到位，领导不累；流程到位，傻瓜都会；检查到位，结果做对；奖罚到位，效能加倍。

连字诀

连指的是词语连起来有某种整体含义或谐音。例如，

"伸手要钱"：身份证、手机、钥匙、钱包。

萃取经验：萃取自己、取道他人、经书编写、验证效果。

编导演：编剧（内容与教学）、导演（目标与组织）、演员（辅助与演绎）。

培训九宫格：可以将第四章讲解的 9 大步骤"问好、连接、地

图、体验、知新、练习、总结、激励、促动",缩写为"问接图,体新习,总激动",然后用编故事记忆:粉丝问清楚接机地图去接机,到时时间还早,于是观看了偶像新拍的戏,最后接到了偶像,非常激动。

这一招儿非常好用,我经常在课程结束时用来总结,同时表示对客户的恭维。例如,有一次在四川路桥授课"公文写作",结尾时,我总结道:"四字两句要记牢,串起全文看结构,陆游诗多靠勤奋,巧借佳文做榜样。"

第一句提醒大家记牢金字塔原理的两个四字口诀;第二句指的是全文布局要注意先思考采用什么格式和结构;第三句的意思是要勤加练习,因为陆游之所以留下几千首脍炙人口的诗歌,与他每日笔耕不辍是分不开的;第四句,如果要说捷径倒也是有的,就是多借鉴、模仿他人的成功范文。讲到这里,我揭开谜底,每句首字连起来就是"四串陆巧",也就是"四川路桥"的谐音。这不仅方便大家记忆,更主要的是体现了为对方定制的心意。

说到藏头诗的翘楚,还得是我的好朋友张帆老师,我心里的藏头诗大王,比如设计一场学员喜爱的培训,就是"找张帆吵架":

(1)找到场景:基于学员的问题和困难,他们有需求才会听。

(2)彰显套路:提炼成模型,他们记得住才会感兴趣。

(3)范例诠释:讲解示范,帮助学员理解,他们感觉学得懂才会继续听。

(4)操作练习:推动学员运用,能马上变现(马上看到学习成果)。

(5)价值反馈:建设性点评和及时反馈,强调注意事项。

单词诀

单词指的是用英文单词进行编码,比如我们熟知的目标的 SMART 原则,就是由五个首字母依次为 s、m、a、r、t 的单词组成的。

我与张家瑞老师相识在2017年好讲师全国比赛，他决赛课程的题目叫"SOS拯救你的工作"，其实在深圳初赛时还叫"专注工作三步法"，显然前者用三个短语的首字母 [Step By Step（逐个处理），Off Line Thinking（离线思考），Sleep And Relax，（充分睡眠休息）] 组成的 SOS 缩写更方便记忆，还暗含求救的寓意。

我当时则结合网络热点《啥是佩奇》短片，归纳了要点"看佩奇"（先看目录、匹配关键词、放弃坏书），帮助大家"巧看目录，阅读提速400%"。

在我的《能力的答案》一书里也大都是这样编码，比如我邀请了好朋友船长写了"即兴表达"一节，他编码成了 PLAY：Prepare（提前准备）、Listen（仔细聆听）、Associate（关联现场）、Yes and（接纳和应变）。单词很容易记忆，而且符合他轻松有趣的人设。

数字诀

如果实在不好归纳，还可以用数字概括。比如，过红绿灯，一慢二看三通过；我的第二本书叫《高效能职场人士的6个习惯》；还有大家熟知的一百单八将、九九八十一难等。

我在做"团队建设"经验萃取线上辅导时，一位叫雷金伟的学员编写了"杨式管理执行四步法"：一帮一扶成长新人，二队 PK 提升信心，三思业务寻找突破，事事鼓励疏导情绪。请注意，内容可不是他的原创，而是他学习同事杨韵兰老师的经验，但是因为他的归纳，原来的经验就更出彩和更让人印象深刻了，可以说是如虎添翼。

3.如何讲好例子：让学员身临其境

喜欢听故事是人的天性。小孩子缠着你让你讲故事，不然不睡觉，学员期盼着你讲故事，否则就两眼发直打瞌睡。因此，可以说故事是例子的最高境界。

那么如何讲好故事，让课程更生动、更有趣、更吸引人呢？可以看看我的好朋友瑛子的分享。王瑛老师是故事力认证讲师、职业演讲教练和DISC认证讲师，接下来看看她的4点心得。

逻辑关系强

什么叫故事的逻辑性？就是这个故事的主线所要表达的主题和故事情节之间，有什么必然的联系。通俗点说，就是我们要写清楚一个故事的前因后果。

比如，我们去讲一件"我最开心的事情"。到底发生了什么？开心的原因是什么？开心带给我的感受和收获是什么？所以，逻辑就是一个故事的骨架。写一个故事很简单，但一定要把前后的逻辑关系交代清楚，这是我们第一个要考虑的因素。

比如，我每次讲自己的职场转型故事，都会从十几年的教师经历讲起，再讲这些年自己的尝试和转变，最后会告诉大家，"职场转型的基础，是一直去做自己热爱并能坚持下来的事"。由此看来，教师经历就是我的故事埋下的主线。

细节描述真

为什么需要细节？细节帮我们还原故事的场景，让听众知道当时发生了什么。其中包括环境的描写、对话，以及内心感受，所有这些都要一一呈现出来，细节描写是故事的血肉。

故事之所以有魅力，就是因为故事能够帮助我们创造想象，让我们在大脑中生成画面。为什么要有画面感？画面感能够帮助我们去理解发生的事，并记住主要的关键信息。

那么如何进行细节描写呢？我们可以借助五感：视觉、听觉、嗅觉、味觉和触觉。

比如，讲自己的第一次相亲，与其讲"我见到了一个漂亮的女孩"，不如说"那个女孩那天穿着白色的纱裙，长发披肩，手里拿着一个白色手包,简直像白雪公主一样,我瞬间就被她吸引了!"

比如,要写早起的困难,除了说"我一次次按停闹铃",还可以尝试这样讲,"叮铃铃……刺耳的声音把我从睡梦中惊醒,我在黑暗中摸索着,好不容易摸到那个恼人的闹钟,刚要按停,突然想起今天晨会的汇报还没准备,一下清醒了。我摸着闹钟苦笑着,谢谢你的尽职!"这样一来,一大早痛苦起床的电影,就在听众的大脑里放映了。

情绪描写细

有人迟疑了,为什么要单独说情绪描写呢?因为好的故事不仅有逻辑、有细节,更要和读者产生共鸣,而共鸣来自哪里?就来自情绪的描写。

我们不能一概而论地用一些形容词描述我们的情绪,比如悲伤或者难过,而是要写出这种情绪下我们的感受。我听过这样一句话:"你认为你正在经历 10 级大风,可能你的观众早就经历了 20 级台风。"

比如,你讲到"我被老板骂了一顿,我难过极了",不妨说"我被老板骂了一顿,整整一天都打不起精神来。我在内心告诉自己,再也不要犯这样的错误了,一定要重新获得老板的好感"。这样就更能与听众快速形成共鸣。

我们每个人不一定有相同的经历,但我们一定有相似的感受,通过情绪的描述,可以拉近我们和听众之间的距离。

结尾升华高

说完了以上 3 点,好故事就有了吗?在我看来,好故事的结尾也一样重要。根据"峰终定律",我们听到一首好歌,或者看完一场电影,最后的那个结尾曲或者彩蛋会是我们最喜欢的。所以,不妨在故事的最后留下金句或者思考独白,让观众心里有一种余音绕梁的感觉。

我之前辅导过一位医生演讲,他讲了自己如何通过努力说服一个很固执的病人接受化疗,最后病愈重生。最后他以"我是医生,为医而生"结尾,感动了现场所有的人,现场响起经久不息的掌声。这就是金句的作用,它能让你的故事有一个漂亮的结尾,让一句话留在大家的心里。

到这里,瑛子老师的"我的故事力"极简 4 点分享也接近尾声了。我一直相信一句话:"每个人都是一座金库,去写出只属于你的黄金故事吧!"期待未来与你相遇,一起挖金矿!

以上就是描述实用经验的"一个人"模型法的系统分享。掌握它,能够帮助你成为掘金人。今后无论是想结构化梳理自己的工作经验,在日常沟通中想有效地让他人明白自己的意思,还是想给他人全面培训一个知识点,都可以手到擒来了。

你可能会认为难,要一下子兼顾那么多方面。我想说,不用着急,"搞懂 Why、What、How,走遍天下都不怕"。只要上路,就是最好的出路。

前面瑛子老师提到了"故事的逻辑性",其实每个经验、方法之间也是需要逻辑的。下一节我们将系统聊聊除了常见的时间顺序外,还有哪些我们需要关注的逻辑。

三、编织:搭建课程大纲的三化法

> 能形成知识体系的人,对于他擅长的领域可以用几个关键词概括出来,这几个词覆盖了该领域的全貌。真正掌握知识体系的人的大脑其实很"简单",几个词足矣。但每个关键词他们又能够展开了说上三天三夜,其中的问题、蹊跷他们了然于胸,在需要这些知识的时候能够信手拈来。
>
> ——田志刚

大纲三化法 = 元素化 + 顺序化 + 大纲化

- 元素化：如何让章节之间符合 MECE 法则？

- 顺序化：选取 5 大类共 21 种顺序里的哪一种排序？

- 大纲化：选择 3 种大纲形式里的哪一种输出？

当我们已经掌握了上一节对一个方法的结构化表述后，接下来我们就要学习如何将一系列方法编织成知识体系，在课程开发里呈现出的成果就是课程大纲。

在我的时间管理课上，我会问学员"患上拖延症，怎么治？"

他们每人只能回答出一两条自己的做法，而一群人一阵讨论之后，可能会得到以下答案：

（1）设置截止日期。

（2）激发动力。

（3）立即行动，从小事做起。

（4）分解目标。

（5）接纳不完美的自己。

（6）减少分心，关掉手机。

（7）和勤奋的伙伴做朋友。

（8）找到自己为拖延找的借口，并且反驳它。

……

这些方法都很不错，但似乎有点儿乱。如果你问我这个专注时间管理 13 年的职业培训师，我会如下回答你。

第一步，还原现场。是谁患上了拖延症？具体情况如何？能否举一个典型例子？

第二步，寻找模型。比如，我们可以找到效能钻石模型，它有以下 6 大要素：

（1）目标。你拖延的事情是否有一个"好目标"？它是否符合 G-SMART 原则（正向、具体、可衡量、可实现、资源充足、有时限）？

（2）动力。你是否从价值、特长、兴趣与信念 4 个方面激发了自己的内外动力？

（3）伙伴。如果你拖延的事务是外部客户要求的，那你清楚他的需求吗？是不是你想得太复杂了？你有老师、伙伴来助你解决拖延的事务吗？你会向他们学习、授权吗？

（4）做法。你用 5W2H 细化任务了吗？比如，把任务变成一个个 2 分钟就能完成的小任务。你定好了时间、地点，配置好了工具、资料吗？

（5）反思。你拖延背后的原因是什么？是不是存在"苛求完美"等心理信念问题？

（6）专注。你会对其他无关的事情说"不"以排除干扰吗？你可以随时随地收集必要的信息吗？

第三步，分析真因。基于事实进行分析，到底以上哪 3 点是造成你拖延的重要因素？

第四步，确定改进目标及实施方案。

第五步，执行方案并反思成果。

对于我的以上回答，你可能会觉得看不懂，但一定会觉得我比较专业，对吧？"你判断的依据，是看起来很有套路的样子"，这就是一般人和专家的区别。

专家是有套路的，有系列的工具，换言之就是知识体系。以上我就用到了解决问题五步法和效能钻石模型。

在开发课程时，我们也要用结构化的知识体系去呈现方法，如大纲三化法（见图 3-3）。

图 3-3　大纲三化法

1. 元素化：按照 MECE 原则拆分组合

首先，你要掌握 MECE 法则及拆分组合（或称"上堆下切"）的技巧。前者源自《金字塔原理》，原意是"相互独立，完全穷尽"。比如，如果你要讲"男女有别的沟通技巧"，那就要涵盖针对男人的和女人的两类沟通技巧。

那么如果你还要融入针对"90后"的沟通技巧呢？那就不能简单加入，而是作为第三类讲解，因为"男人""女人"和"90后"有部分重叠。因此，需要拆分组合，比如按照"性别、年龄"分成 4 类进行讲解，分别是：

（1）非"90后"男人的沟通技巧。

（2）"90后"男人的沟通技巧。

（3）非"90后"女人的沟通技巧。

（4）"90后"女人的沟通技巧。

在这一阶段，为了方便拆分组合，我们会用思维导图这个工具。后期还可以直接导出生成 PPT 内容。本书第 6 章第一节将提及如何快速套用模板。

2. 顺序化：主体结构的 5 大分类及 3 种主要顺序

我们要将元素化后的内容，按照一定顺序分类排序，这就形成了课程主体结构。最终结构以 1～3 层、每层 3～7 个要素为佳。以下顺序可供参考。

序号	大类	名称	举例	释义
1	How 步骤	流程	时间管理五步法	目标、收集、计划、行动、反思
			洗手 x 步法	略
2		阶段	产品发展阶段	接受期、增长期、成熟期、衰退期
3		问题	"云雨伞"问题分析	现状、预测、对策
4	What 要素	场景	时间充沛/紧急课程开发	时间充沛：六面法；情况紧急：视频 ORID 法
5		对象	360 度沟通	向上沟通、平行沟通、向下沟通
			保险代理人职位营销	成为保险代理人对于家庭主妇、小企业主等人的分别的价值和营销点
6		公式	利润公式	提升利润＝增加收入－减少支出
7		空间	培训师演绎呈现	（从头到脚）眼神、表情、发音、服饰、手势、站姿、走姿
8		藏头	"复联启动"学习法	复述新知、联系经历、启动场景、计划行动
9		单词	SMART	目标要符合 SMART（S=specific, M=measurable, A=attainable、R=relevant, T=time-bound）原则
10		谐音	"看佩奇"阅读法	先看（kan）目录、匹配（pei）词语、抛弃（qi）坏书
			"数理化"问题分析法	数据验证、理性建模、化繁为简
11		组合	WWH	Why＝为什么, What＝是什么, How＝如何做
12	AB 两元	匹配	需求与供给	客户需要—你方提供
13		总分	整体与部分	公司简介、部门简介
14		对错	正确与错误	减肥≠少吃点，减肥＝吃好点
15		基础—主体	公文写作	基础概念（定义、种类、格式等）、思想、结构、修辞
16		两分	管理风格	指令型委派 vs. 教练式授权
			生产方式	福特批量式生产 vs. 丰田拉动式生产
17		虚实	抽象与具象	概念、实例
18	Why 程度	重要	年月日目标管理	年目标、月目标、日目标
19		层级	基中高层工作重心	基层做事、中层管人、高层布局
20		范围	"Me-We-Us"小组讨论法	个人思考、小组讨论、班级分享
21	多维度	2×2	"重要—紧急"时间管理四象限	重要紧急、重要不紧急、不重要紧急、不重要不紧急
			领导力梯队	按照"管理职级、课程深度"两维度展开（详见《领导梯队：全面打造领导力驱动型公司》）
22		2^3	职业生涯花	价值、特长、兴趣

我着重选择其中常用的3种，为大家深入解读。

AB两元——匹配

之所以将它作为第一个推荐，是我们需要从专家视角换位到客户视角，从而满足学员的需求，这可能是课程开发中最难的一点。

之前我们萃取经验是从内容专家或培训师的角度思考，总结出的是培训师认为重要的内容，但对学员来说是不是重要呢？不一定。因此需要换位校准，可取名匹配为"对话顺序"：学员问什么，我们答什么。

"学员已经知道了什么方法，还需要什么方法？这些方法，按照什么顺序能帮助学员解决工作问题？"

比如，本书经过前言的测评环节，你画出了自己的平衡轮，那么就可以自行重组章节的顺序，比如按照你的掌握程度从低到高学习。

比如，"听书"是得到App里的一款读书类产品，每次会用二三十分钟的音频和文字去简单介绍一本书给你。如果是你，你会如何挑选全书精华？创作组负责人李南南老师有一个很有趣的面试问题："如果让你解读《新华字典》，你会怎么解读？"

罗振宇分析时说："这个问题问得很刁钻啊，为什么？因为一本《新华字典》你怎么解读都可以，只有一种是不行的，那就是'总结提炼划重点'。你说它的重点在哪儿？哪个字重要，哪个字不重要？它的结构是完全平铺的，没有重点。"

那怎么办呢？回到学员身上，其实也就是"如何解读能帮助学员解决他的问题"。

罗振宇举例，可以纵向看，"历史上，从第一本中文字典《尔雅》，到《说文解字》，到《康熙字典》，再到《新华字典》，这个过程是怎么演化的？可以说：每一步都推进了中文字典的进步，解决了上一代字典没有解决的问题。"我理解这是为满足历史爱好者的追根溯源，或者研究历史演变的需求。

语言学者李倩则在解读里提及了"定期修订":60多年的修订、12个版本,是针对需求与变化不断迭代的产物,从而满足了说方言的读者,推广了普通话,强化了环保观念,应用了互联网技术……我认为这对于要开发产品的人来说,是不错的启发和借鉴,满足了他们的学习需求。

如果你问我:你会如何解读?假设给培训师解读,那培训师有什么需要呢?以培训前、中、后举例,培训前需要了解学员的名字、年龄;培训中需要精炼地沉淀学员案例;最后,培训师还需要营销自己。

那我就可以对应从以下3个角度解读:年代演变与姓氏取名;精炼描述字义的方法;得到在9月1日开学日解读《新华字典》的营销思路和文案创作。

总结一下,在我的创新思维课程里,我会引用营销界的金句:人们不是想买一个0.25英寸(约6.35厘米)长的电钻,他们是想要0.25英寸的钻孔。

因此要特别注意,学员要的不是课程,而是解决他们的问题。切忌课程仅仅满足你的需求,发挥你的特长,迎合你的兴趣。

How 步骤——流程

之所以它是最常用的排序逻辑,是因为方便学员应用。如果我们按照实际工作的先后顺序排序课程要点,学员就很容易对照一步步用到工作中去,因此得名"时钟顺序"。

"学员在完成任务过程中,第一步用哪个方法,第二步用哪个方法……"

比如,我们讲产品知识,就可以按照销售阶段客户想了解的内容的前后顺序进行排序,这样,不同阶段的客户在和学员沟通时,学员就能一下子用上所学的产品知识,而不需要重新思考、迁移、重组。

比如,《高效能人士的七个习惯》一书号召大家由内而外地全面造就自己,将成长分为三个时期,起步是依赖期,如果你掌握了习惯一"积极主动"、习惯二"以终为始"、习惯三"要事第一",那么你就取得了个人领域的成功,进入了独立期,而进一步,你养成了习惯四"双赢思维"、习惯五"知彼知己"、习惯六"统合综效",那么你就成功进阶到互赖期,最后你养成了习惯七"不断更新",你就迈向了新的成长之路。

我也是主要按照这种顺序开发课程和写作的,比如本书,就是按照前后顺序排列:第一步明确目标,第二步开展组织,第三步萃取经验,第四步设计教学,第五步开发工具,第六步演绎课程。

比如,我的"问题分析与解决五步法"课程,也是按流程排序,界定问题、建立框架、调研真因、思考方法、实施总结。

"目标——基于目标的时间管理5步法"课程,是按照"看见目标、收集任务、计划清单、加速行动、反思成果"5步来进行的。

"五维教练式领导力"课程里的5R教练流程,依次是"聚焦目标、觉察现状、点燃价值、挖掘资源、肩负责任"五步。

What 要素——场景

帮助学员对号入座,这是定制化的排序。虽然方法的底层逻辑可能一样,但不同情况、场景下,具体方法会有所不同,因此可得名"房间顺序",就像虽然家具布置原则都是"布局统一、疏密有致和色调统一",但不同房间你要放入的家具是不一样的。

"学员会经历哪些场景?对应的方法是什么?"

比如,本书所述的课程开发,当时间充裕、资源充足时,我们可以按照6面法完成,但是如果时间紧、还缺专家资源,那么我们就只能"拿来主义",利用现成的资料进行二次开发。比如,找到相关优质培训视频,采用"视频播放+复联启动"的方式开展课程,即播放一段含有知识点的视频片段,然后提问学员,让他们:"复述:你学到了什么?""联系:你联想到什么经历或经验?""启动:接下来可以应用到哪一件事上?""行动:你的行动计划是什么?"

比如，演讲课程可分为 7 种场景开展：如何介绍自己，如何汇报日常工作，如何介绍产品，如何介绍项目，如何论证观点，如何即兴表达，如何鼓舞人心。这样就方便学员联系当下的具体场景，选择自己最需要的场景去准备、练习演讲了。

3. 大纲化：3 种课程大纲

有了主体结构，接下来我们就可以填写课程大纲了，有常见式、金字塔式、表格式 3 种。以本书开发成的配套课程"课程开发魔方：内训师轻松开发课程 6 面法"为例。

常见式：

一、魔方：如何正确地认知企业培训

1. 正本：培训的定义

2. 魔方：培训魔方体系简介

3. 角色：内训师定位与能力模型

二、目标：如何清晰地明确培训目标

1. 解题：分析有价值需求的吉尔伯特行为工程模型

2. 定位：明确培训目标的行为四动词法

3. 美名：打响课程的名称四要素法与常见课程体系

三、组织：如何有效地实施培训课程

1. 造势：课前精心营造的 3 大势能

2. 护航：课中要全面把控的 3 件要事

3. 落地：课后有效跟踪的 3 把钥匙

四、内容：如何实用地萃取标杆经验

1. 挖掘：收集标杆经验的访谈法、读书法

2. 重述：描述实用经验的"一个人"模型法

3. 编织：搭建课程大纲的三化法

五、教学：如何简约地设计高效教学

1. 学习：设计简约教学的教学三步法与反馈飞刀
2. 活动：适配"知识、技能"的 12 类练习活动
3. 流程：快速架构课程流程的课程九宫格

六、辅助：如何快速地开发课程工具

1. 模板：开发制作 PPT 的三形操作
2. 复用：开发易用、易改的 3 种手册
3. 在线：开发在线问卷的四维要素和在线授课的 4 个推荐

七、演绎：如何自信地进行课程呈现

1. 接纳：接纳紧张的 9 个认知
2. 呈现：锻造自信讲师范儿的 7 个维度
3. 即兴：拥抱不确定性的 Yes and

八、结业汇报

1. 比赛：学员说课及片段授课
2. 颁奖：全体反馈、优化及激励
3. 计划：制订后续开发方案

备注：有些写法会加入"教学活动""表单工具"等描述，比如上述"正本：培训的定义"，可以写为：

1. 正本：培训的定义
（1）纸杯厂入职第一天
（2）培训定义的 6 要点
（3）这些是培训吗

或者：

一、魔方：如何正确地认知企业培训
1. 正本：培训的定义

2. 魔方：培训魔方体系简介

3. 角色：内训师定位与能力模型

练习：纸杯厂入职第一天（游戏）；这些是培训吗（考试）；使用内训师能力平衡轮（工具）。

金字塔式：

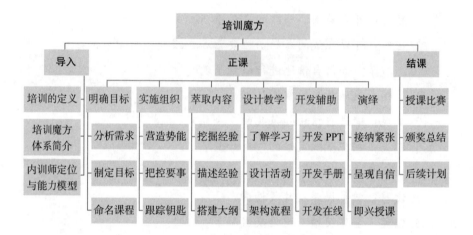

表格式：

时间	目的	章	节	知识点	教学活动	工具资源
10:00～12:00	建立正确认知	一、认知培训	1. 培训的定义	培训是转移知识、技能，协助员工改变行为、提升工作绩效的过程	纸杯厂入职第一天（情景体验、小组讨论）	"七步叠纸杯"作业指导书
			2. 培训魔方体系简介	6个要素一个都不能少：目标、组织、内容、教学、辅助、演绎	凯瑟琳的艺术课（视频教学）	"培训魔方"画布
			3. 内训师定位与能力模型	培训师是侦探、统帅、作家、老师、设计师、演员	我心目中的好老师（小组讨论、绘制画像）	工具1：内训师能力平衡轮表
略						

工具10：表格式课程大纲

时间	目的	章	节	知识点	教学活动	工具资源
		导入				
		主体1				
		主体2				
		主体3				
		结课				

2021年下半年，上海一家超市的阿姨火了，被戏称为"灭霸"。不是因为她会打响指，而是她将13年如一日与蚊虫斗智斗勇的经验，总结出了"蚊虫作息表"。

仅仅一张表，就讲解了蚊子从早到晚的现身地点、行为特点，并给出了不同时间段的驱蚊妙招，还有"快速了解你的对手""四招消灭蚊虫"等详细的科普知识。可谓一表在手，蚊子见你都得绕着走。

这不就是本章论述的"内容总结，经验萃取"吗？因此，在各行各业，哪怕你的工作再平凡，也值得萃取一番。

不过，即使你总结出了经验智慧，但要想有效地传达到别人脑子中，也不是一件容易的事情，这就要提到"教学"了。翻开第四章，我们一起聊聊。

CHAPTER 4
第 4 章

教学

如何简约地设计高效教学

思 考

怎样教授一个知识点,才能让学员很好地理解、掌握与运用?

你知道哪些教学活动和教学形式?

假设你要写一门课的讲稿,

哪些内容是你必会写入的?

> 教学的目的是帮助人们学习……教育系统的功能之一就是促进有目的的学习，以便达成许多在没有教学的情况下可能需要更长时间才能达成的目标。
>
> ——加涅，《教学设计原理》

回首过往的人生，你在什么时候学习得最好呢？

阅读以下内容，并在 A、B 栏中二选一，勾选出答案。

A 栏	B 栏
▪ 参加课堂培训时	▪ 当需要完成一项新的工作任务时
▪ 学习资料很多、很详细时	▪ 课程知识点精炼、方便记忆时
▪ 当专家讲解大段知识时	▪ 当专家跟我们对话或讨论时
▪ 知道某学科的历史发展、权威理论时	▪ 同事手把手教我做时
▪ 我观察别人示范时	▪ 我参与演示并反思时
▪ 听到老师风趣幽默的人生故事时	▪ 得到自己表现的具体反馈和鼓励时
▪ 两天不间断地课堂学习时	▪ 我给他人讲解新学到的知识时

虽然我不知道你是谁，也不知道你学的是什么，但我敢肯定，你八成在 B 栏勾选得更多。

同时我知道，即使你知道了你是按照 B 栏所列方式学习和成长的，你也知道其他人也是这样学习和成长的，但是当你开始开发课程或者要分享时，你会不自觉地切换到 A 栏，用不利于学习的方式进行备课和讲授。

背后的原因就是我们不懂教学。本章就是来解决这种矛盾的，让你能够做到"己所不欲，勿施于人"，用更好地促进他人学习的方式进行教学。

一、学习：设计简约教学的教学三步法与反馈飞刀

个体只有通过质疑、实践才能成为真正的人。知识的发

生只有通过创造与再创造，通过不断操作运用、期望，以及连续而令人鼓舞的质疑，才能达成我们与他人，以及与世界的共同追求。

——保罗·弗莱尔

学习 = 库伯学习循环圈 vs. 教学三步法（及反馈）

- 库伯学习循环圈：人的学习经历"体验、反思、概括、实践"4个步骤。

- 教学三步法：（场景）体验+（共创）知新+练习（及反馈）。

- 反馈：行为输出是知识输入的证明。

1. 库伯学习循环圈：人是如何学习的

首先，想问问大家，你认为教学的方法隐藏在哪里呢？

是在课件里吗？很多人认为拷贝到了课件，就可以讲课了。是在活动里吗？很多人觉得多做点游戏，让大家感兴趣，气氛好就好。是在老师身上吗？很多培训师的培训课程，花了很多时间训练学员的口才和形象，我们要冷静思考，当培训师充满了魅力时，是否就是好老师了呢？

其实都不是，教学方法隐藏在学员的大脑里。

请问，没有教学，学习也会发生吗？

你肯定会说，那当然了，自己在工作中也摸索出了很多经验，不是所有知识都是在培训课堂上学到的。

既然不在课堂上学习也会发生，那为什么还要设计教学呢？

加涅在《教学设计原理》一书第一章的第一段里就告诉我们，"教育系统的功能之一就是促进有目的的学习，以便达成许多在没有教学的情况下可能需要更长时间才能达成的目标"，换言之，我们必须研究人是如何学习的，之后有针对性地去促进这一过程，其实就是好的教学了。

那么我们人是如何学习的呢？我通过一个例子为大家带来经典理论：库伯学习循环圈（见图4-1）。

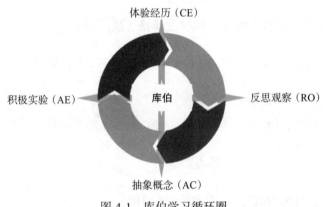

图 4-1　库伯学习循环圈

请问，你会包饺子吗？你是如何学会的呢？大部分人是先看父母包饺子，然后自己模仿着做，这是体验经历阶段。

前几次包完，放水里煮，结果都破了，然后就开始思考，为什么自己包的饺子跟爸妈包的不一样，做法上有何区别，这是反思观察阶段。

反思观察阶段结束后归纳概括得到了自己的心得，比如馅料要少一点儿，皮要如何捏，这是抽象概念阶段。这就是你的包饺子理论。

到底这些总结对不对呢？我们就进入积极实验阶段，再去包饺子，看看这次饺子会不会破。这也就再次形成了体验经历，如此循环，我们就不断行动和修正理论，最终学会了包饺子。

以上你学包饺子的这4个步骤，就是库伯发现的学习循环圈。你会发现，缺少了任何一步，学习效果都是不好的。比如，为什么我们会抱怨看书没有用，因为你光看了别人的理论而没有实践，因此也就没有了体验,更没有反思,也形成不了自己的理论,别人的还是别人的,那不叫看书学习,只是走马观花。

如前所述,我们的教学就是要按这个学习循环圈进行设计。每一次教学,既要让学习者有体验,让他们参与其中,又要给出足够的反思时间,让他们归纳发言,阐述自己的结论,还要营造安全的氛围和环境,让他们尝试自己的理论,最后鼓励他们不断实践,以便他们不被(一定会出现的)失败打击了信心。

举个例子,如果你是按顺序看的本书,相信你已经知道了第1章第三节"美名"里打响课程的名称4要素。光讲知识点的话,半分钟的时间就够了。"好课程的名字包含4要素:主题——你的课程,从知识体系/分类来说,叫什么;对象——讲给什么人听的;价值——听后有什么好处,能得到什么成果;品牌——如何形象记忆。"

这就是培训吗?不是,那只是演讲或讲解。那培训怎么做呢?我们来看看《夺人眼球的"题目"》这篇文章(节选):

办公桌上放着几本新到的《故事大王》杂志,我拿起一本,随手一翻,刚好是目录,便读起一个个题目来:"奖励一个妈妈""一个5万元的橘子""黑熊的教训"……读着读着,一个念头在脑海里油然而生。

在下午的写作指导课上,我举着自己看过的那本《故事大王》,对孩子们说:"这是新到的一期《故事大王》杂志,我给大家读几篇文章的题目,你们听一听,想一想这些题目中哪一个是自己最感兴趣、最想一睹为快的。"说完,我就开始一字一顿地读起"题目"来,并且尽量读得慢一些,让同学们听得更清楚一些。

未等我读完,一个个小手便举了起来。

陈珂涨红了小脸,最先站起来说:"我最喜欢其中的'一个5万元的橘子'这个题目。因为我们平时在市场里买的橘子都只要几元一斤,一个大概五六角钱，而这篇文章中的橘子怎么会那么贵呢？我真想马上看个究竟。"

"是啊！一个橘子怎么要5万元呢？这也太贵了吧！"我夸张地附和道，"这葫芦里卖的是什么药啊？好有悬念的题目啊！杭老师也好想马上读一读这篇文章呢！"

……

孩子们一个个跃跃欲试，显然，这些题目已经激起了他们强烈的阅读期待和阅读兴趣。我想，要是我现在把这本杂志往空中一抛，准会有很多人来抢。于是，我晃了晃手中的杂志，话锋一转，说："那么，这些题目为什么会吸引我们呢？俗话说，'题目是文章的眼睛'，你们认为一个好的题目应该具备哪些要素呢？谁说得好，杭老师就把这本杂志借给谁看！"

沈成龙说话有些结巴，但是反映很快。我话音刚落，他的手就已经举了起来。经我同意，他站起来说："我……我认为一个好的题目，应该是……应该是语言很新鲜，让人看了动心……"

……

从《故事大王》中一篇篇文章的题目到概括好文章题目的特性，我带着同学们经历了一个从形象思维到抽象思维的过程。大家七嘴八舌地说着，我觉得很有必要总结一下，就说："同学们讲得很有道理！一个能够引起别人阅读兴趣的题目，应该具备以下要素：一是题目最好简短，表达应该明白；二是题目最好能给读者更多的想象空间；三是可以在题目中点明核心思想或概括主要内容；四是……"看到大家有的在做笔记，有的若有所思，我又冒出一招："咱们不能光说不练呀！同学们，能不能根据刚才我们讨论的内容，给'上周五我校举行了家校联谊运动会'这件事拟一个好题目呢？"

姜恒脑瓜子灵，才想了一会儿就举手说："我会取这样一个题目：'运动大PK'。"

"PK？嗯！这个词用得很好啊！"我赞叹道，"看来用上一些新鲜、贴切的词语很能夺人眼球哦！"

唐帆说："我会起这个题目：'我家是家冠军家'！"

"那么多'家'字啊？挺拗口的！"我说，"不过，这个题目倒也有趣。"

…………

同学们热火朝天地讨论着、表达着，他们的思维已经被充分打开了，他们的参与热情异常高涨……

你看这个课没有PPT，没有讲上下五千年的取名历史，也没有讲取名大师的故事，好像也不需要老师有什么自信大方的手势与妙语连珠，但有让学员体验什么是好题目、有发问、有学生畅所欲言与思考，有聆听与认同，有鼓励，有总结概括，有奖励，有练习与实践。

学习就这样润物细无声地发生了。

你可能会认为这样教学好慢，能不能直接倒干货，学员就吸收呢？我想回答你，你听说过"揠苗助长"吗？

教学就像是陪伴婴儿学会走路。

2. 教学三步法：三步简约设计教学

在"课程开发魔方"课程里，我们把库伯学习循环圈浓缩成三步，叫作"教学三步法"，依次是体验、知新和练习。比如，设计一个包饺子课程：第一步，体验包饺子；第二步，分析错误的原因和方法，给出正确的方法，让你得到新知；第三步，现场练习包饺子，并给你反馈。

虽然这是一本书，我也尽量涵盖了教学三步。就拿本节为例，我以提问、包饺子等方式作为体验活动的开场，接着再分享知识点：库伯学习循环圈、教学三步法。现在我们细致讲解教学三步法，之后再给你布置一个练习。

体验：如何让学员身临其境

你是你体验的总和。

万维钢老师在得到解读了一本叫《强力瞬间》的书，其中提到了体验带来行为改变的一个例子。1999 年，国际组织给孟加拉国提供援助，在各个村庄都盖好了公共厕所。那时候孟加拉国乡村的田间地头、路边甚至住宅周围，到处都是人的粪便，特别容易传播疾病，可是当地人这么多年都是这么过来的，给他们修建的公共厕所，他们只是偶尔用用，或者干脆给当成储物间用，或者觉得厕所比他们的房子都漂亮，不好意思在里面大小便。

一个人的旧习惯很难改，一群人的就更难改变了。但是有一个国际组织在很短的时间内就把孟加拉国随地大小便的比率从 38% 降到了1%。这是怎么做到的呢？

答案是派人到田间地头，去给村民"演节目"。一个衣着不俗的外地人来到村里，他这里走走那里看看，专门查看地上的粪便，还不断向村民询问有关粪便的问题。村民一看这人挺有意思，慢慢地聚集在他身边。

这个人把村民召集到一起，挂起一张村子的地图，让村民帮着用黄色标出可能会出现粪便的位置。大家你一言我一语，结果整张地图基本上都变成了黄色。村民也感觉不太好意思。

接着这人拿出一个非常干净的水杯，往里面倒了一杯清水，然后问村民，谁愿意喝这杯水。大家都表示愿意喝。接着，这个人拔下了几根头发，走到附近的一坨粪便处，用头发沾了点粪便，然后将头发在水杯里搅了搅。他又问，现在还有谁愿意喝这杯水。没有一个人愿意喝。

于是他问村民，你们知不知道苍蝇有几条腿？村民回答有六条腿。他接着说，那么当苍蝇的脚在粪便上停留一会儿的时候，苍蝇沾的粪便多还是我这几根头发沾得多？如果苍蝇刚刚在粪便上停留过，接着又飞到你家里,在你吃的食物上停留了一会儿,你们知道这意味着什么吗?这意味着你们在吃全村人的粪便。村民一听受不了,当场表示这样的日子不能再继续下去了,以后再也不能随地大小便了。

这就是体验的力量,光从言语上要"说服"一个人是不可能的。

而且,通过体验,观察对方的反应,你才可以知道一个人到底是怎么做的、怎么想的,这比仅仅看他怎么说更重要,因为人有时会口是心非,身体才更诚实。

同时,因为唤醒了这些旧知,我们才可以对症下药,去挑战旧知,去构建新知。

知新:如何结构化地呈现知识

本书第3章的第二节中,我们讲解了结构化描述实用经验的"一个人模型"。

在知新部分,说简单一点,就是分享你梳理好的一个人模型,讲给学员听。

这里详细说说其中右手的"比喻"。比喻是连接旧知识、让学员快速学习新知识的秘诀。

比如,有不少培训师朋友向我咨询如何写书,除了分享一些方法外,我更注重的是迁移对方已有的经验。我会对他们说,"其实写书,就是书面化你的课上内容,不同的只是课上是口头表达,写书是书面表达而已"。每当这样说完,他们就觉得写书更有信心了。

如果有人向我咨询如何开发课程,我就会问他写不写文章,其实开发课程和写文章是一样的,只是表述不同而已:明确目标对应选择主题,有效组织对应平台分享,萃取内容对应编排素材,设计教学对应增加修辞,辅助开发对应排版编辑,演绎呈现对应心态建设。

因此,在知新环节,单方面倒出大量干货的老师,只是及格水平,而能让学员理解、记忆大量干货的老师,才算优秀。

练习（及反馈）：如何让学员实践并得到反馈

学员听到了，就学会了吗？绝对不是。

你必须设计活动，让他们展示学习成果。下一节我将分享实用的教学活动供你挑选。这里分享一下我学习拆书的经历，让你了解要想学会新东西，其实是一件非常不容易的事，需要经历一系列练习及反馈。

2012 年年末，偶然中我购得了《这样读书就够了》一书，读后觉得这种简单的学习/教学方法很有道理，感觉很有收获，实际上后来看对我的学习并没有太大的帮助。转眼到了 2014 年 10 月，在"幸福行动家"全国年会上，我偶遇了该书的作者赵周老师，受活动气氛的感染，随即我在当年的 12 月 25 日发起了拆书帮西南第一家分舵——成都蜀汉分舵的筹备。

在筹备中我才真正有了"做到"的经历，我先是和骆轩、刘静等伙伴在 30 天内拆了 30 个段子（拆书帮独有的学习输出形式，类似学以致用版读书心得），开展了 10 次麻辣活动，进行了 15 次各种训练，举办了 150 天"每日一拆"活动，再加上拆书家 3 个级别共 9 次的晋级训练之后，2016 年 1 月 24 日，我正式成为拆书帮西南第一位三级拆书家。

直到那一天，我觉得自己才算真正建立了"致用学习"能力的里程碑。这时的"做到了"与之前的"知道了"简直是云泥之别，就像看电影学谈恋爱和真正跟一个人谈恋爱的区别那么大。

真正的学习绝不等于知道、了解、理解了，而是形成了新习惯。那问题来了，要练习多少次呢？有人说坚持 21 次就能形成习惯。在"五维教练领导力©"课程里，我们练习基本功需要打卡 23 次，在头马俱乐部成为 DTM（最高级别会员）需要演讲 50 次，战隼老师的号召是 100 天行动。我的拆书经验告诉我，需要"初识 +30 个段子 +10 次活动 +15 次训练 +150 天练习 +9 次晋级 =3 年多的练习"。

光有练习还不够，没有反馈就是闭门造车。拆书晋级活动还借鉴了头马俱乐部例会的角色和流程设置，每次的准备稿和现场训练，都会接受观察家的反馈、修订。返工是常有的事，原本以为了然于胸的讲解，也许在现场时发现漏洞百出。但如果有人给你反馈、指点，就能逐渐打磨出更完美的表达，学习他人的知识也就逐渐变成了自己的习惯。

以上就是"教学三步法"的知识点。按照教学三步法，现在就到了我们要练习一下的部分了。

请问，以下针对职场写作的两种教学方式，哪种更能促进学员学到知识呢？

第一种：

职场写作要注意以下 4 个原则……

接下来，我给大家讲讲这 4 个原则的含义……

之所以要遵守这 4 个原则，是因为……

第二种：

请大家对比这两篇文章，你喜欢哪一篇，它好在哪里？

是的，这其实就是我们进行职场写作要注意的 4 个原则，利用好这些原则，有这些好处……

现在，各位伙伴，你平常写作时运用得比较好的是哪个原则，容易忽视的是哪个原则？接下来你准备如何做？

相信你很容易得出答案，因为它遵循了教学三步：体验、知新和练习。

3. 反馈飞刀：如何建议能让他人听得进去、做得出来

为什么与线下课程相比，线上课程学习效果要差一些？问题往往就出在反馈不足、不及时这一点上。

首先要认识到的是，为什么要提供反馈，而不是建议、意见。因为后两者一说出口就会让人反感，不管是谁，只要听到"我现在给你提个建议/说句意见"，就会瞬间不自觉地树立起心理防御的堤坝，因

为这两个词背后透露出的假设是"你的答案不对或做法错误"。

所以，我推荐调整下语言习惯，用"反馈"换掉"建议、意见"，前者更为中立。

更深入地分析，我们做到中立就可以了吗？不是的，更关键的是看对方的接受度，也就是心门是否打开。如果一个人做好成长的准备，能够接受外界的建设性信息，那么你用"建议"甚至"批评"都行，但如果他此时能量很低，情绪低落，需要的是安慰和陪伴，即使你再小心翼翼、温暖地反馈，也没有效果，因为他的心门是关闭的。

这里我们假设你通过观察对方表情等，发现他是否已经做好了接受反馈的准备。那么，下一个我们要思考的，就是反馈究竟应该如何说。

这是不容易的。要么提得太尖锐，对方一下子被激怒；要么千回百转反复暗示，结果对方没意识到自己哪里出了问题。那么如何既照顾到对方的感受，又犀利地指出改善点，并能帮助对方提升呢？

这里给你"一把裹着蜂蜜的飞刀"。

反馈的原则有3个：

（1）飞刀，谐音feed，意思是反馈，要求是精准、具体的，就像小李飞刀一样，刀无虚发。

（2）一把，指的是一次最好只提一点，避免太多对方接不住，被你戳死了。

（3）裹着蜂蜜，意味着我们既要说对方做得不够好的部分，也要说做得好的部分，打一板子也要给点蜂蜜吃。

具体话术是怎么样的呢？肯定、推荐、互动3步走。

首先，用"我喜欢你的什么行为，因为会有什么好结果"来肯定，注意描述事实而非笼统夸奖。比如，"我喜欢何老师在本书里设计了详细的课程开放表单，因为它能帮助我们快速应用"。

其次，用"同时，我注意到什么事情，会导致什么不良结果，因此我推荐怎么做，这样就更好了"去推荐。比如，"同时，我注意到表单有点多，有 17 种，这样可能让学员掌握起来有点儿困难，因此我推荐精简一些，这样就更好了"。

一个人不会为了你喜不喜欢而改变，只会为了他想得到的好处或避免的害处而调整自己的行为，因此推荐要揭示他当前的行为与负面结果的关联。而且不能只是指出对方的所谓缺点，还要给推荐。

指出"缺点"很容易，我们在生活中、职场中经常遇见对他人横加评判的人，他们嫌晴天太亮、雨天太冷，在不亮不冷的阴天，他们又觉得云太多了。你有没有发现这些都不是缺点，而是特点。缺点是基于实现目标的短板，而特点是奔向目标的独特之处。

因此，我们还要给出精准、具体的推荐。需要你站在对方的角度，给出可执行的指导。比如，"因此，我推荐你选取全书中每节模型的要点，按前后顺序排列写入一张表单"。相比于上面的"精简一些"的反馈，就更容易理解和改进了。

到这里，推荐这句话还可以如何更平等、委婉地表述呢？你可以将"因此我推荐怎么做"改为"之前我学习到了一个 ×× 方法/×× 老师分享了一个方法给我，对我很有帮助，具体就是……"。这样说就避免了对方误会你只是站在高处指手画脚，能够发现你是跟他站在一起做朋友，真诚地分享自己的经验给他，不对他横加干涉。

为什么结尾是"就更好了"呢？因为"更"隐含了一种认同：现在对方已经做得很好了，如果加以调整，就会更好。这会给对方赋能。相反，谁也不愿意承认自己现在不行，他们还可能会质疑为什么非得按照你建议的做才算好。

为了帮助你理解和复习，请看下面这个"飞刀"例子：

我喜欢你在课程里精炼地选取了两个知识点："收集""清单"，这会帮助效率欠佳的学员快速提升时间管理能力。同时，我注意到课程的目标是"（让学员）了解 GTD 时间管理法的'收集'方法，理解时间管理清单的重要性",这里的"了解"和"理解"比较抽象,因此学员很难明确自己到底学到什么程度才算学会了,而你也很难用客观标准去评估课程的效果,甚至会出现堆砌知识点而疏忽练习的恶果。因此,我分享一个从何平老师那里学到的"说、写、做、得"行为动词法给你。比如,"能够说出收集的 3 大原则(简单、提醒、多平台),成功安装一款符合 3 大原则的手机 App,能够写出一张日常工作的例行日程清单",这样就更好了。

讲到这里,就算是结束反馈了吗?不是的。

最后,我们还要加一句,"您觉得呢"与对方互动,因为给反馈,不是法院终审判决,而是你贡献自己的想法,与对方交流。也许对方早就用过了你的方法,结果不管用呢?也许他的做法暗含深意,你以为他在第一层,结果他已经在第五层了呢?

至此,你会发现这把"飞刀"不仅可以用于教学里的反馈,还普遍适用于绩效面谈、日常沟通等场景。

工具 11:反馈飞刀表

要素	一把	裹着蜂蜜	飞刀
原则	一次一点	好坏好	精准、具体
结构	肯定	建议	互动
话术	我喜欢你(……行为),因为会有(……结果)	同时,我注意到(……),会导致(……),因此我推荐(……可执行步骤),这样就更好了	您觉得呢
你的反馈 1	针对对象:_____;针对能力:_____		
你的反馈 2	针对对象:_____;针对能力:_____		
你的反馈 3	针对对象:_____;针对能力:_____		

以上就是简约教学的"教学三步法"与"反馈飞刀"。麻雀虽小,五脏俱全,知识点再小、3步不缺。

二、活动:适配"知识、技能"的12类练习活动

> 汗牛充栋全是别人的,点滴折腾都是自己的。
>
> ——何平

为了让学员养成新的行为习惯,我们可以运用"知识、技能"12类练习法。

- 知识:我记住了,我能说出新知、写出经历和经验。
- 技能:我做到了,我能做到新行为,得到新成果。

接下来,我们看练习环节如何设计。

在导读的"培训"概念里,我们提到培训的内容是知识与技能,那匹配知识与技能,能设计哪些练习活动呢?我接下来分"知识、技能"两类,按实施难度从低到高进行分享(见图4-2)。

知识	技能
• 问答	• 案例分析
• 翻转学习	• 角色扮演
• 多感官法	• 游戏
• 小组讨论	• 拓展训练
• 调研	• 沙盘模拟
• 测评	• 实战

图4-2 "知识、技能"的12类练习

1. 知识

问答

定义:老师针对某一关键词或角度提出问题,让学员作答。

相关名称或概念：考试、教练技术、引导技术、促动技术、行动学习。

适用条件：普遍适用。

价值：简单、耗时短，适当的问题又可引发深度思考。可以说，学问就是学会问问题，学会答问题。

原则、注意事项：

（1）一般情况下不要提出有预设、暗含倾向的问题。例如，"大家准备如何改进工作，解决这个问题呢？"这个问题预设了学员水平不够，需要改进，并且现状是一种问题。如果改为"面对这样的挑战，你见识过其他人的哪些做法呢"，就更中立和客观，不会打击学员的信心，并启发他们思考。

（2）提问先封闭再开发、先具象再抽象，可以降低回答的难度。例如，一开始就提出非常抽象的问题，比如"什么是课程开发"，那么经验不够的学员就很难回答。因此，可以依次问："大家有过开发课程的经历吗？你看过其他人开发课程吗？当初你们是怎么做的，有一些什么思考呢？就以上思考，你眼里的课程开发是什么呢？"

分类与举例：

（1）开放式与封闭式。开放是指打开学员的思维，答案通常有多个；封闭是指协助学员做判断、做决策，答案往往只有一个。

前者最经典的框架是5W2H：为什么（Why）、什么时候（When）、什么地点（Where）、是什么（What）、谁（Who）、如何（How）、多少（How much）。后者是Y/N和A/B，好不好/对不对，要还是一定要。

比如，要设计反馈飞刀的问答练习，可以问："反馈飞刀的话术有哪三部分，分别是什么？"这是开放性问题5W2H里的What。而问"你认为用飞刀形式反馈难不难"，属于封闭式提问里的Y/N。"对于自信心不足的学员，你觉得重在肯定还是推荐"则属于封闭式提问里的A/B。

你来试试，将下列封闭式提问改为开放式：
- "你会把这个方法用到你的工作中去吗？"
- "你在工作中用过这个方法吗？"
- "这个方法对你有用吗？"
- "大家听懂了吗？"
- "你同意还是不同意？"
- "还有问题吗？"

（2）口头与书面。口头包括挖空填词法。例如，"我们今天学习的是（课程开发）？人们常说不要打（没有准备）的仗，我们接下来就看看提问的设计方法"。以上括号里的内容先不要回答，等听众张口回应，如果等待两三秒没有回应，可以自己补上。

口头还包括提问回应法。例如，反射提问和折射提问，前者请向你提出问题的学员回答，比如"你自己对这个问题有什么思考呢"；后者让其他学员回答，比如"大家怎么看待这个问题呢"。

书面，包括考试时常用的判断（是非题、纠错题）、配对（连线题）、排序、选择、问答题。

比如，可以用是非题，让大家琢磨一个词的含义。《高效能人士的七个习惯》的"是与不是"：高效能人士是什么，不是什么？他们是积极主动的，绝不浅尝辄止。他们知道要为自己的抉择负责，所以做出的抉择总是基于原则和价值观，而不是基于情绪或受限于周围条件。积极的人是变化的催生者，低效能人士则是消极被动的，他们不愿为自己的抉择负责，总是觉得自己是受害者，受到周围环境、自己的过去和他人的拖累，他们不把自己看作生活的主人。

比如，可以用纠错题，在开课时介绍自己与课程。在我的"五维教练式领导力©"管理课程授课时，我会这样出题：

以下哪一项描述是错误的：

（1）曾就职世界500强车企培训经理、兼任工会主席。

（2）内向、不擅于交际。

（3）优点是认真负责。

（4）缺点是认真负责。

（5）高中因为写不出作文而逃课，现在出版了两本书。

（6）认为管理是管人理事。

（7）认为管理员工和养育孩子是一样的。

这种学员猜、你解读的方式会更有趣，而且不知不觉中传递了核心信息。

比如，可以采用连线题完成简单的配对。讲解ORID的具体含义时，在PPT页面的左边罗列"事实、情绪、想法、行动"4个关键词，右边罗列4个关键问题：给你印象最深的知识点是什么？你有怎样的感受和情绪？你有怎样的思考和想法？你准备采取什么样的行动？让学员连线关联。

比如，可以将流程、原则等要素分拆，让学员进行分类排序。我在四川大学讲授"全面学习"课程的第一节课时，将"全面学习金字塔"的6类共24小点内容，做成小纸条，让学员归类排序并说明理由。采用这种办法，不仅能唤醒学员的旧知，让老师看清学员的水平，甚至能收获更好的知识呈现思路，毕竟一个词语用得是否准确巧妙，不是发出者说了算的，而是以接受者感受到的为准。

（3）其他

如果是针对一个人的深入问答，那就是教练技术里的教练对话了。

如果是一群人回答，那就是小组讨论乃至引导技术了。

如果是基于实际问题的问答，那就可以理解为行动学习。

如果加入游戏化设计，就可以变成bingo游戏，找碴儿题。

如果回答的方式不限于口头，还可以用起立/坐下、举手/跺脚等。比如，一站到底：站立回答问题，错误或不符合者坐下。

总之，问答是一切教学乃至沟通的底层逻辑，只要你和对方不断问与答，就能实现良好的结果。2000多年前，孔子、苏格拉底对学生的教学，就是用对话形式。

翻转学习

定义：学员通过经典图书、线上微课等形式，提前学习课程内容，在面授培训时进行交流或实践。

相关名称或概念：课前预习、自学、自我阅读。

适用条件：学员积极性高，有时间资源，具备良好的学习能力；知识类学习内容，如产品知识、规章制度等。

价值：让学员成为面授培训现场的中心和主体，而非仅仅是老师传递信息。

原则、注意事项：

（1）运用在线学习等App或小程序，简化发放和收集作业的流程。

（2）为了提升学习效果，可以让学员学习和运用拆书等高效的学习方法，并完成心得或改善计划等作业。

流程：

（1）准备自学资料，要短小精悍，例如将其拆分成5分钟长度的微课或1000字的文章，以便于学员根据需求快速定位和选择；要方便复制，例如微课，除了影音形式外，还可以配上可复制的文字稿，以便于学员记笔记和整理；可以倍速播放，例如可以以0.7、1、2乃至3倍速播放，以适应不同水平的学员。

（2）发放并收集作业。

（3）课上让学员回顾核心知识点，或者相互点评，进入交流讨论或实战练习。

举例：开展"国网漳州管理经典读书会"项目时，前期我进行了可回放的线上微课讲授，主题是拆书便签法。随后引导大家运用拆书学习法对《卓有成效的管理者》等管理经典丛书进行了拆读。在读书会现场，因为熟悉了名家的管理理论，又梳理了自身的管理经历，大家更深入地相互交流了管理经验，取得包括产出微课在内的诸多成果。

多感官法

定义：采用影片、语音、图画、动作等多种形式进行信息的传递或吸收验证，从而从多个维度让学员全面感知一个概念。

相关名称或概念：影片学习、画图、思维导图、视觉笔记、知识卡片等。

适用条件：尤其适合于"90后""00后"学员，而"80后"或理性思维偏强的学员，可能会误解其为浪费时间。

价值：容易引起学员的注意，并让其围绕一个概念建立多条神经链条，从而让记忆更牢靠、理解更深入。

原则、注意事项：留足练习实践，并让学员之间相互交流。

分类与举例：

（1）影片传递：在"课程开发魔方"课程里，我会播放《蒙娜丽莎的微笑》影片中的两段教学视频，然后用ORID引导提问，让学员体验和反思培训师的角色定位。

（2）语音传递：课堂上播放冥想等音乐或学习内容，让学员聆听。

（3）图画验证：在"课程开发魔方"课程里，我会用9张图片代表课程九宫格的9个步骤，打乱后让学员猜一猜它们的含义，并连线。

为了感知某个抽象概念，如"什么是管理"，"你当前在××主题上的挑战与困难"，我会让学员从视觉引导卡等图片中选出一张作为代表，然后加以解读为什么选这张。也可以让学员画一幅画，比如画出他心目中理想的培训师。

（4）动作验证：比如，在每半天课程结束后，让学员找一位伙伴，和他一起商量一个组合动作（可以是舞蹈），来代表刚学习的课程内容。

小组讨论

定义：以小组为单位，针对某个问题/目标进行讨论。

相关名称或概念：me-we-us、3153 微行动学习、头脑风暴、专家访谈。

适用条件：问题/目标较有难度，或者需要群体交换意见、寻求共识时。

价值：操作简便、适用广泛，便于学员间取长补短、分享合作。

原则、注意事项：

（1）灵活调整：例如，经观察各小组均已得出类似答案，就不用在班上汇报或者书写海报了。

（2）划分小组：用多种方式划分小组，让成员多元化（资历深浅、部门不同、年龄大小），以便进行思维碰撞，达成共识。

（3）分配角色：参见本章第三节"流程"中的"连接"部分。

（4）人人参与：让时间官控制好每个人的发言时间，避免少数人霸占发言时间，或者有些人腼腆不发言。例如，可以用传递谈话棒的方式，也就是只有一个人拿着沙包、球、定时沙漏等谈话棒时才可以发言分享，分享完后，将其传递给下一个发言人。

（5）共享信息：答案要求多求新，至少自由讨论环节前不打断或评判他人的意见。

（6）呈现成果：小组讨论并画成海报后，既可以选取代表发言，也可以把它贴墙上，让大家走动起来去观摩，并将意见写在便利贴上，贴上去。这样同时进行，可以节省学习与反馈的时间，而且唤醒了久坐疲惫的学员。

（7）护航纠偏：培训师在讨论期间要巡视各小组，确保不跑题、不冷场、不出现一言堂。观察到精彩发言，可以邀请该学员在"呈现成果"环节作为代表发言。

流程（如 4 个小组、每组 6 人，约 26 分钟完成）：

（1）每人独立书写 3 分钟（针对问题）。

（2）组内轮流分享 1 分钟。

（3）小组自由讨论 5 分钟。

（4）选取代表发言 3 分钟。

举例：请大家进行小组讨论："你参与过、看到过的教学活动有哪些，能否简单举例说明？""我们按照 3153 结构进行，最后每组画出一张大海报，并贴到墙上进行发表。"

调研

定义：通过问卷或访谈，了解学员的愿景目标、经验经历、课程需求与意见等信息。

相关名称或概念：访谈、课后评估。

适用条件：学员积极性高。

价值：让学员总结经验，唤醒旧知，取得课程反馈。

原则、注意事项：设计线上问卷需做到简单（选择题为宜）、题少（例如 7 道题以内）与明确（不要用学员没听过的术语）。例如，很多课后评估里的内容过多又模糊，学员只能凭感觉随意勾画，达不到真实评价课程与老师水平的目的。

流程：

（1）根据知识点所讨论的问题，设计开放式提问。

（2）根据时间等资源，设计线上问卷或者进行现场访谈邀约。

（3）收集填写结果，或者整理访谈笔记。

举例：

（1）本书每一章开始时提出的 3 个问题。

（2）可参看第 5 章第三节中的"调研问卷模板"。

（3）《高效能人士的七个习惯》中的"嘿，你在倾听吗"。

从 1 分到 5 分，你认为下面这些人会给你的倾听技巧打几分？

	1	2	3	4	5
你最好的朋友					
你的父母					
你的远亲					
你的同事					
你的上司					

回忆某个人没有好好听你说话就准备好回答的例子，你当时的感觉如何？

你什么时候最容易不专心听对方讲话，为什么？

测评

定义：根据结构化的模型，评定学员的水平或现状。

相关名称或概念：考试。

适用条件：均可。

价值：提升学员的学习动力，营造竞争觉察现状，唤醒旧知。

原则、注意事项：为了回答便利、批改方便，宜设计选择题等封闭式问题。

主观测评流程及举例：

（1）建构课程主题的结构化模型。例如，本书将课程开发细分为 6 个方面——目标、组织、内容、教学、辅助、演绎，并细化每个方面为 3 个重点。

（2）根据需求，挑选出重点，写出标杆化行为。例如，目标的第一节"解题"，可写为"我开发的课程，对提升员工绩效、协助企业实现目标有帮助，而不是照本宣科地讲现成资料"。

（3）让学员逐一阅读，并根据自己的实际情况打分。

（4）得出总分，或者利用平衡轮展示结果。参见导读中的"工具

1：内训师能力平衡轮表"

3人练习流程及举例：

（1）常见于教练技术或沟通课程中，选择3人组成一个小组进行练习。

（2）分配角色，角色有A（比如教练）、B（比如教练客户）与观察者（客观测评实施者）。

（3）A与B按照知识点的要求进行演练，观察者在不影响演练的基础上进行观察和记录。

（4）按照一定顺序进行总结。例如，B反馈过程感受，A总结心得，观察者发表观察结果，以及提出意见与建议。

2. 技能

案例分析

定义：提供含有知识点的具体例子，让学员进行分析、决策与行动。

相关名称或概念：寻宝（圈出案例里的具体方法）、故事讲述、案例编写、视频教学（案例是视频形式）。

适用条件：普遍适用。

价值：实施较为简便，但又能让学员通过替代经验快速进行体验和模仿。

原则、注意事项：

（1）案例的细节要素（时间、地点、人物、背景、过程、数据、结果等）越具体真实，就越让学员有代入感。

（2）如果是企业负面案例，要隐去个人信息等。

举例：主观臆断。

例如，《吕氏春秋·审分览·任数》：孔子穷乎陈、蔡之间，藜羹不斟，七日不尝粒。昼寝。颜回索米，得而爨之，几熟，孔子望见颜回攫其甑中而食之。选间，食熟，谒孔子而进食。孔子佯为不见之。孔子起曰："今者梦见先君，食洁而后馈。"颜回对曰："不可，向者煤炱入甑中，弃食不详，回攫而饭之。"孔子叹曰："所信者目也，而目犹不可信；所恃者心也，而心犹不足恃。弟子记之：知人固不易矣。"

（1）你是否曾做出推测时发现自己的判断过于匆忙？请对这种经历加以描述。

（2）你当时做出的推测是什么？

（3）想一下你做过的其他推测，本周你将对其中某一项采取什么行动？

其他形式：

（1）案例也可以自行编写。

例如，拆书帮手册里提到"变坏为好"：

坏：以往你是否遇到过类似情况，但你没能处理好？比如……

好：下一次，你要如何做呢？

例如，反馈飞刀技能练习：

1）你以往是否遇到过提建议的尴尬情况，要么是提建议时怕伤害到对方，说得太委婉，结果对方根本没感觉到他有什么要改善；要么就是说得太狠，对方面子挂不住，一下子就暴走了？

2）那么，如果用反馈飞刀法改写你的建议语言，你如何说呢？

（2）最佳实践故事会。

1）每个人思考"与主题相关、印象最深刻或第一次、自己或他人、成功或失败的一次经历"，并写下答案，填入故事表单，可以为SCORE（背景、冲突、选项、结果、评价）结构。

2）两人交流，并选出或合并出一个故事。筛选标准：方法具体、刻画细致、吸引力强。

3）小组交流，选出一个故事，并画成海报。

4）班级交流，评选出最佳实践故事。

角色扮演

定义：在情景中，让学员分角色扮演，进而演练技能。

相关名称或概念：戏剧演出、情景模拟。

适用条件：尤其适合沟通等需要互动的技能。

价值：帮助学员在安全的环境下训练技能，并通过角色调整和沟通，产生新的觉察和换位思考。

原则、注意事项：角色和剧本，可在现场由学员自行决定。让未参与扮演的学员担任观察者角色，记录和思考整个过程。

流程：

（1）邀请学员担任角色。

（2）分发或自编剧本。

（3）表演。

（4）回顾：每个角色及观察者报告体会，培训师加以点评、激励和引导。

举例：《爱的五种语言》扮演。

（1）学习了相关方法后，邀请学员写下"我联想到了哪些经历、故事，做得好的、不好的是什么"。在相互交流后，投票选出最有画面感的一个故事，一起编写一个5分钟的舞台剧。角色至少有男主人公、女主人公、一个朋友、一个旁白。

（2）讲解编排细节。目的是演绎出从矛盾到爱的学习转变过程。给出剧情参考：背景（旁白介绍）、矛盾（男女演绎）、求助解惑（朋友为一个主人公分享爱的方法）、表达爱（主人公们用所讲方法解决矛盾，表达爱意）、幸福的结局。

（3）各小组进行展示，请台下学员拍摄、拍照，并记录令你印象深刻的细节。

（4）邀请学员交叉点评，说明如何可以扮演得更好。

游戏

定义：带有趣味性、竞争性，去挑战和克服障碍，实现训练技能、培养团队精神等目的。

适用条件：普遍适用。

价值：极大地调动学员的积极性，促进相互竞争和学习。

原则、注意事项：总结时引导关联知识点。

举例：

（1）积分激励：根据《游戏改变世界》里的游戏化运作机制"实时反馈—游戏化的激励机制"，将任何练习活动配以奖励、积分等反馈，都可以算得上是游戏。

例如，给个人、小组发言进行加分，甚至完成一定的任务，比如保持桌面整洁、相互支持，都可以进行加分。可以加入随机元素，比如抽取扑克牌，点数代表得分，甚至根据花色扣分；或者设计积分翻转机制，可以翻转加分主体，除了讲师加，还可以学员相互加。

（2）即兴戏剧：可以算是自由度高的游戏。比如在我的创新课程里，会采用经典的即兴活动"我是一棵树"，作为锻炼学员发散思维的练习。

（3）Bingo 游戏：按照既定描述，在现场找出符合特征的人，然后请他签名，看谁最快签完所有空格，或者签名数量最多。比如，在我的培训师课程中，会有以下 Bingo 表。

能说出"培训"定义	能说出课程九宫格的 9 项内容	喜欢唱歌
能一口气做 20 个俯卧撑	你的姓名	是 2 个或更多孩子的父母
喜欢打麻将	已经确定了讲授课程的主题	有演讲、培训经验

拓展训练

定义：通常利用野外自然环境，通过模拟或真实活动帮助学员磨炼意志、觉察信念、熔炼团队。

相关名称或概念：素质拓展、拓展体验、团建。

适用条件：环境和道具支持。

价值：打破固有信念，快速历练。

原则、注意事项：

（1）通常由专业机构负责组织，要做好安全防护和应急预案。

（2）注意运用库伯学习循环圈，联系实际工作，完成从感悟到行动的转化。

举例：在"五维教练技术领导力©"课程中，有一个经典的室内拓展体验——"劈铅笔"，体验过的朋友，都对自己的限制性信念有了很多觉察，也因此获得更大的勇气。

沙盘模拟

定义：往往以沙盘教具为载体，融职位体验于角色扮演之中。

相关名称或概念：沙盘游戏、剧本杀、大富翁游戏。

适用条件：道具支持。

价值：极大模拟真实任务，快速历练。

举例："沙漠掘金""企业经营决策沙盘""现金流游戏"……

实战

定义：按照真实任务展开训练。

相关名称或概念：师带徒、内部教练、训战。

适用条件：普遍适用。

价值：最大限度地还原实际任务的挑战，让学员能够真实地进行操作，检测学员的实际水平。

举例：

TWI（Training Within Industry，企业内部（不脱产）的培训），是一套成熟于日本的一线主管技能训练教程，其中TWI-JI（Job Instruction）工作指导，能帮助一线主管掌握一套（四阶段法）正确、安全、有效地指导员工作业的技能，能让下属迅速领悟，不出差错地进行标准作业。

我概括如下:

(1)准备:轻松愉快、告知职责、了解认知、激发兴趣、正确位置。

(2)传授:做给他看、说给他听、强调要点、说明理由、确保理解。

(3)尝试:让他做做、让他说说、听其要点、听其理由、确保掌握。

(4)检验:安排工作、配备导师、检查进度、鼓励提问、逐渐放手。

以上就是在一般情况下,按照操作从易到难、真实度从低到高的顺序罗列的练习活动。那么有没有什么练习活动,在帮助学员习得知识与技能的同时,又简单易操作呢?答案是"有",那就是(让学员)培训(他人)。因为本书都在论述相关内容,这里就只分享一个故事作为本节的结尾。

在一列开往北京方向的火车上,有一位农民父亲,他的女儿3年前考上了清华大学,儿子也在今年上了北京大学。有人就好奇地问他:"你把两个孩子都送进了顶尖'象牙塔',是不是有什么绝招儿啊?说出来我们听听呗。"

这位农民父亲挠挠头,憨厚地说:"我这人没什么文化,也不懂什么绝招儿,只是觉得孩子上学花了那么多钱,不能白花,就让孩子每天放学回家后把老师在学校讲的内容给我讲一遍,我如果有弄不懂的地方就问孩子,如果孩子也弄不懂,就让孩子第二天问老师。

"奇怪的是,孩子的学习劲头特别高,哪怕是别的孩子在外面玩得热火朝天,他们也不为所动,就这样,学习成绩从小学到高中一路攀升,直到考上清华大学和北京大学。"

大道至简。

教学归根到底是以学员为中心,不是以老师为中心。一般老师折腾自己,口沫横飞,优秀老师折腾学员,用田俊国老师课堂上的金句就是"一问一菩提,一练一世界"!

工具 12：极简练习活动表

维度	活动	细节	变形	我的设计
知识	问答	5W2H： Why：为什么 When：什么时候 Where：什么地点 What：是什么 Who：谁 How：如何 How much：多少、做到什么程度、投入或产出是多少 Y/N A/B	考试 小组讨论 行动学习 教练对话 Bingo 游戏 ……	
技能	变坏为好	过去怎么做 将来怎么做	编写故事 角色扮演 即兴戏剧 ……	

三、流程：快速架构课程流程的课程九宫格

> 麻雀虽小，五脏俱全。
>
> ——钱锺书，《围城》

课程九宫格 = 开场三步法 + 教学三步法 + 结尾三步法

- 开场三步法：问好 + 连接 + 地图。

- 教学三步法：体验 + 知新 + 练习。

- 结尾三步法：总结 + 激励 + 促动。

有了教学三步法，就能够设计练习两件套，那么如何用一根线串联起整个课程流程呢？

课程九宫格！

还是老套路，先进入教学三步法之体验环节。

假设你是一家服装公司的销售员，今天你要参加公司的一场产品知识培训。

开场后，只见公司内训师美丽，身着一件白色衬衣走向讲台，熟练地欢迎大家的到来，"大家好，我是美丽，热烈欢迎大家来到'黑科技销售技巧'培训的现场"，并且做了自我介绍，"作为公司高级内训师，我已经为销售员们带来了50余场培训，满意度98分，相信今天也不例外"。

话音刚落，坐在最前面的一名学员突然站起来，拿起手中装满可乐的杯子，一下子泼向了美丽，包括你在内的全班同学被这个意外情况一下子吓呆了。然后只听见坐在后排的公司高管站起来大声喊道："Nick，你在干什么！"

就在这个时候，美丽微笑了一下，然后优雅地用手指在衬衣上弹了几下。更意外的事情发生了，她沾满可乐的衬衣瞬间恢复了原来的样子，洁白无瑕，你不禁发出"哇"的感叹。

接下来，美丽微笑着说："谢谢Nick同学的配合，这是我们课前沟通好的环节，为的是让大家亲身感受一下我们最新主推衬衣的优势。它的布料由纳米技术处理的纯棉纤维编织而成，有不沾污渍的独特效果，相信一定会成为顾客的心头好。接下来的培训，我将带领大家学习如何介绍和营销公司的这款重量级新产品。结束后大家将能够现场与同伴自如地完成销售对话，从而让各位销售业绩翻番。那么从今天开始，让我们一起用科技重新定义纯棉时代吧。"

以上的培训开场，引起你的注意和兴趣了吗？

接下来将从它开始，为大家讲解课程九宫格（见图4-3）。

首先，以上开场运用了开场三步法，并且用意外吸引了学员的注意力。

图 4-3 课程九宫格

1. 问好：如何引人注意

一鸣惊人的亮相，能让学员的注意力集中在讲师和课程上，从而顺利开启培训。

你可以演出戏剧，比如我的公文写作课程，就会先演一段历史剧——写冗长公文的茹太素被元太祖打板子的故事，仅耗时 2 分钟，此外还设计了与学员的互动，不仅很好地吸引人注意，还让学员感受到了公文写作的重要性。

你可以打破认知，比如我的学习力课程，先展示常见的世界地图，让大家猜"加拿大的国土面积是中国的多少倍"，从而引出"眼见不为实"的信念地图概念。这样就能顺利导入课程的第一部分内容，即"你在学习上的错误信念"。

2. 连接：如何连接课程、学员、老师

介绍自己的经验，连接自己与学员，以营造温暖场域，使彼此取得信任。

在你与学员之间，你可以：

（1）树立权威。不仅是在言语上讲述自己的资历，更是外形等全方位的"包装。"比如，讲授 PPT 设计，是不是你自己的服饰也要美

一点儿？讲现场生产管理，你要不要穿上工程师的衣服？

（2）建立亲和。可以和学员拉近关系，比如我去昆明授课，就会提及在昆明做知青安家落户的大伯，以及小时候来昆明对这里天气和地势的感觉。

在学员与学员之间，你可以如下这样做。

（1）划分小组并联结他们。看似很简单，其实可以很高深。比如，它满足了建构主义的两大要素："协作""会话"。建构主义是一种源自儿童认知发展的理论，它有四大要素，它认为知识不是通过老师传授得到的，而是学习者在一定的"情境"下，与老师、同学等其他人"协作"与"会话"，利用必要的学习资料，通过"意义建构"的方式获得的。划分小组为同学之间协作和会话提供了有利的条件，否则很难想象以个人为单位、排排坐的传统情景下，同学间能有多少互动。

用中国台湾教师最高奖"师铎奖"获得者、小学语文教师李玉贵的话说："我们老师通常以为只要上课，学习关系就会自然发生，其实并不会，就如同我们经常忘记同学是'同学'。我们老师经常说：'同学们好'，但是那一群人并没有他同学。……真正的同学关系是成为互学共学的伙伴，关系需要经营，需要老师做一些事情去设计，只有这种互学关系建立了，同学间才会互相合作……"

田俊国老师有一句金句，我每次上课都会引用，"老师是站着的学生，学生是坐着的老师"。既然站着的老师要介绍自己，那么坐着的老师之间也要相互认识。

具体的操作有：

1）按需分组。比如新老搭配，先按照经验多少排序，接着按照总组数循环报数，比如一共5组，那么就依次按照1、2、3、4、5、1、2……报数然后将相同数目的学员编为一组，以便各组能以老带新、用新促老、协同协作；部门混搭，不同部门的人组成一组，以便更好地相互理解，尤其适用于跨部门沟通等培训；随机搭配，首先不分组入座，然后要求大家起身坐在其他小组里，并与不熟悉的人相邻，这样能让大家感知不同，适合变革、创新等课程。

2）调整分组。一天以上学习时长，可以多次分组并调整座位。同时，除了固定分组外，随时都可以分组，让不同的学员产生联结。比如，课程中间，请学员起身在10秒内找其他组的2人组成一个3人小组，相互分享刚才的学习心得，结束后回到原座位。

3）确定角色。尽量让学员自己担任组长、时间官、海报官等角色，承担起小组管理、讨论控时、海报书写、资料分发、班务整理、主持提醒等班级管理工作。就像讲述小米公司的《参与感》一书所示，唯有参与才能认同。在运营学习社群时，我发现担任过职务的人通常成长很快，也更能认同社群的理念。选人的方法，可以快速，比如让大家上竖大拇指，然后指向心仪的人，看小组内谁的得票多；也可以有趣，按照一定特征选人，比如邀请大家站立，看小组内谁个头最高。

4）控制人数。一个小组3～7人为佳。人一多，紧密度就低了，甚至讨论环节，彼此离得太远，都无法听清楚对方的声音。

（2）建立亲密关系。可以参考我好朋友船长的即兴戏剧亲密4C原则。

- 身体接触（contact）：深情凝视，握一握手，拍拍肩膀，肩背按摩，拥抱一下……
- 故事分享（connect）："如果今天不参与培训，你会做什么？"或者，两个人课间分享，用一个动物代表自己并模仿……
- 成果共创（co-create）：相互颁发结业奖状，寻找小组共同点，一起完成小组目标……
- 贡献赞赏（compliment）："你真的很棒，送上小红花/笑脸贴，并说明为什么"……

3. 地图：如何像导游一样引导学员

介绍了课程的主题、大纲、目标与价值，让学员知道要去往何方、怎么去,就是连接学员与课程。

往往我会让学员体验一个涵盖所有章节要点的完整案例,从而让学员了解全貌、定位需求、复习旧知,并了解学习价值、学习目标。

比如,我的"锐思——问题分析五步法"课程,一开始会出一道过桥洞题:你开着一辆货车,路过一个限高 3 米的桥洞,但车子加货物有 3.05 米高,怎么办?

学员往往凭灵感、经验给出一个个零散的答案,然后我会从"界定问题、建立框架、调研真因、思考方法、实施总结"五步进行解读,展示系统思考的方法和答案,从而让学员觉察到原有的惯性思维与冲动型解决问题的习惯,认同"学习运用结构化思维分析和解决现有工作问题"的学习目的。

4. 体验:如何让学员如身临其境

本章第一节已经详细解读了体验的重要性,这里就以最极端的例子加以佐证,那就是海伦·凯勒学说话的故事。

出生就听不见声音,可想而知学习对海伦·凯勒来说是多么困难,然而幸运的是,她遇见了家庭老师沙利文。据武志红老师的分享,我发现学习的过程就是体验的过程。

例如,沙利文给了海伦·凯勒一个洋娃娃,先让她拥抱、抚摸这个洋娃娃,在她沉浸其中时,用手在她手上写下了"d-o-l-l"(玩具)。通过这个办法,沙利文让盲聋哑的海伦·凯勒明白,"doll"这几个字母与这个洋娃娃有一个联系。过了一段时间后,沙利文又送了一个不同的洋娃娃给海伦·凯勒,等她享受这个玩具时,沙利文又在她手上写下了"doll"这几个字母,她一下子就明白了,这几个字母和她手中的玩具有某种对等的关系。

通过这种办法,沙利文教会了海伦·凯勒很多单词。但有一次,一个麻烦产生了。沙利文教海伦·凯勒"水杯"的单词时,海伦·凯勒弄不清"水"与"杯子"的区别，她认为这是一回事。当怎么学都学不会时，海伦·凯勒很痛苦，她发了脾气，还将玩具摔在地上。

沙利文并没有失去耐心，她想到了更有创造力的办法。她带海伦·凯勒来到一个井房，井房中有一个喷水口。她将海伦·凯勒的一只手放到喷水口下，让海伦·凯勒通过感觉领会到了单词"水"到底是什么。在自传《假如给我三天光明》中，海伦·凯勒详细描绘了这种感触：

> 沙利文老师把我的一只手放到喷水口下，一股清凉的水从我手上流过。她在我的另一只手上拼写"water"（水），起先写得很慢，第二遍就写得快了一些。我静静地站着，注意她手指的动作。突然间，我恍然大悟，有股神奇的感觉在我脑中激荡，我一下子理解了语言文字的奥秘，知道"水"这个字就是正从我手上流过的这种清凉而奇妙的东西。
>
> 水唤醒了我的灵魂，并给予我光明、希望、快乐和自由。
>
> 井房的经历使我求知的欲望油然而生。原来宇宙万物都有名称，每个名称都能启发我的思想。我开始以充满新奇的眼光看待每一样东西。

如果有些体验不方便复制和展示怎么办？我们就会用模拟的办法。比如，拓展训练、沙盘模拟。

如果时间短到没办法模拟呢？我们还可以做比喻、打比方。可以说，比喻是极简化的体验，它能将你已有的体验扩展到新事物中去。

5. 知新：如何结构化呈现知识

在这一环节，让学员接触、理解新知。常规方式就是讲解、播放视频等，甚至还可以让学员们自己说。

2018年，四叶草多元学习社群牵头举办了摩西老师年度思维导图大会，我的好朋友、演讲教练刘思玥老师登台分享，其中讲到演讲开场可以采用的方式时，她并没有一股脑地自顾自地表达，而是对学员发问："大家知道哪些培训开场的好方式？""讲故事""幽默""说金句"……短短几十秒，大家就七嘴八舌贡献了很多好点子，思玥给大家点了大大的赞，再略总结，顺理成章地引导到后面的内容。"四两拨千斤啊"，这一幕深深刻进我的心里。

背后运用了教练技术这种新一代培训技巧，好处多多：一是自己轻松；二是不怕没有答案，因为学员们"三个臭皮匠"肯定赛过"诸葛亮"；三是激发学员们相互学习的热情；四是利于应用，因为答案是学员自己得出的，他们更有成就感，更愿意实践自己的方法；五是效果好，因为教是最好的学。

6. 练习（及反馈）：如何让学员实践并得到反馈

上一节，我们整整花了一节来讲解练习的设计，这里分享下练习的重要性。

哲学家维特根斯坦在著名的《逻辑哲学论》里写道："世界是事实的总体，而不是事物的总体。"我对此的理解是，世上只存在发生的事件，而我们为之命名的事物或概念，只是我们思维的抽象总结。那么，为了真实地拥有能力，其实看一遍甚至记住是远远不够的，而是要真实地让事件发生在自己身上。这就是练习的价值。

培训，可以解读为暖心陪伴加刻苦训练。前者是老师的情感目标，后者是学员的理性目标。后者是培训设计里最重要的环节，老师可以不分享新知，课堂可以没有PPT，但不能没有练习。缺少练习的培训，就变成了相声、演讲、脱口秀，只增加了娱乐性而已。

7. 总结：本次课学到了什么

比如，"感谢各位的参与，今天'黑科技销售技巧'课程接近尾声了，我们学习了介绍新产品的 FABE 话术，以及销售新产品的问、听、答三步法。大家还记得它们分别是什么吗？（……）是的，没有错"。

除了以上传统的提问总结法外，我们还可以让学员回顾总结，因为他们每练一次，效果就会更好一点儿。

比如，每人发放一张 A4 纸，划分为 6 格。如果是 5 章的课程，那么其中 1 格写名字，其他 5 格为 5 章的心得，自己写完就交给其他人写，最后还给拥有者，这样能达到复习、交流的目的。学员人数少时，可以让大家手牵手，逐一分享心得。

比如，可以老师出题，用问卷星等软件自动批阅，也可以让小组或学员相互出题并作答。

比如，制作心得墙。Nick 老师的"教练型管理者"课程的最后，大家将相同的心得写在两张便利贴上，一张自己留存，一张贴在墙上。集体观摩后，每人领取一张有启发作用的他人的便利贴作为礼物。

8. 激励：如何激励学员

比如，"大家都回答得特别棒，演练考试也都过关了，给大家点赞"。

之所以冬天北方比南方好过，是因为室内有暖气，有了这份温暖，即使走到零下十多度的室外，也不会冷到走不动路。同理，学员下课后愿意冒着失败的风险继续实践，是因为你在课上给他们吹了"暖气"。

比如，祝贺成果，如颁发证书、计算积分并颁奖、升华主题、特别送惊喜活动等。

9. 促动：如何确保学员课后继续改变

促动，即促进行动，如同上学时老师布置作业一样。为什么呢？

就像本书导读中"培训"的定义里所说,培训是过程,学员的能力绝不会经由一两次学习就能得到提升。

你可以参考第二章"组织"中"落地"一节。这里分享一个小方法。让大家把总结心得、实践计划写在一张纸上,然后叠成纸飞机扔出,接着捡回一张,结成互助小组,支持鼓励问责对方完成计划。

以上9步,就是课程九宫格——一种快速架构课程流程的模型。你可以在掌握后任意替换和添加要素,比如你认为开场简单问好太平淡了,那么你可以讲个故事;如果你认为连接缺少学员间的互动,那你可以做个破冰活动。总之,像拼乐高一样,丰俭由人,无论什么课程,按照这个图纸就能够轻松搞定了!

有些朋友可能会提到"微课如何开发",其实本书理念下的课程都可以做微课,一次九宫格设计就可以产出一个三五分钟的微课。请参考"工具13:课程九宫格"。

俗话说,重要的事情说三遍,你有没有发现,经过九宫格设计的知识在开场、教学和结尾各讲了一遍呢?期望你未来好课走九宫,效果不落空。

工具13:课程九宫格

问好	连接	地图
如何引人注意	如何连接课程、学员、老师	如何像导游一样引导学员
各位新员工,大家好!今天非常荣幸为大家带来"三招成就高效人生——新员工时间管理"	我是内训师何平,在时间管理上有12年的学习和实践经验	请问大家,管理好时间对于大家的工作、生活重要吗?本次课程将分为3个部分:制定小目标、建立好清单和反思大成果。完成学习之后,大家将得到属于自己的3张个性化行动清单,从而助你成就高效人生

（续）

体验	知新	练习
如何让学员如身临其境	如何结构化呈现知识	如何让学员实践并得到反馈
我们进入第一部分，制定小目标。大家有没有发现高考之前，我们在学习上更能吃苦呢	这背后的原因是我们那时候有每天上8节课的小目标。你看这样的小目标有3个特点：第一，小，完全可以做到的；第二，有动力，将帮助我们通过考试乃至考取心仪的大学；第三，有时限，每天白天要完成 再举个例子，每早20个仰卧起坐就是我的健康小目标：第一，小，无论当天累与否，我都能做到；第二，有动力，它能帮助我锻炼6块腹肌；第三，有时限，它是我起床后的第一件事	那么请问，你在工作上有没有每日小目标？如果设定成小目标，那应该怎么写清楚呢

总结	激励	促动
本次课学到了什么	如何激励学员	如何确保学员课后继续改变
总结一下，小目标有3个，分别是……（二三部分，略去）	大家都回答得非常棒！相信通过不断努力，大家一定能掌控好时间管理，成就高效人生	最后我们布置一个作业，请大家今天在微信群里分享自己的工作小目标清单，其中包含你每天必做的3个小目标。我们下次课见

"五星教学模式"是美国犹他州立大学戴维·梅里尔（David Merrill）教授在21世纪初提出的理论，是比较了加涅教学九步法等11种教学模式后的产物，包含5个要素（"聚焦解决问题""激活原有知识""展示论证新知""尝试应用练习"和"融会贯通掌握"）和15个次要素。

它在培训圈被田俊国老师大力推崇与推广，田俊国老师在《上接战略 下接绩效：培训就该这样搞》一书里将其概括为"聚焦问题、激活旧知、论证新知、应用新知与融会贯通"五大过程，通常被称为"五星教学法"。

用它来解释本章的教学三步法的话，你会发现第一步"体验"中务必让学员直面和"聚焦问题"，进而让他们回答或表现以"激活旧知"；在第二步"知新"中"论证新知"；第三步"练习（与反馈）"，是帮助学员"应用新知"与"融会贯通"。

由此来看这是一种简化方法,然而,是否有更极简的教学法呢?

在我审视了超过 15 种教学法之后,我在《学习的答案》一书里做了以下思考:"学以致用,既然要致用,那么最后一定会落脚在行动上,而且是新行动,这是核心的学习要素。除此之外,其他的都可以省略。"

因此我提出了"Next 极简学习法":问自己"我下一步有什么新行动"。德鲁克常对学生说:"不要告诉我这堂课有多么精彩,告诉我你下了课做什么和怎么做。"我也常对学员说:"我不看你的学习心得,也不看你有什么感悟,甚至我不要你重述、联系旧知识或以往的经历,你就告诉我你下一步有什么新行动就好了。"

到了这里,如果你还没设计好你课程的教学,不妨就如下问题问问你的学生,陪他一起前行吧。

"为了支持你下一步做到(标杆行为),我们彼此需要做点什么?"

如果这时候你的学员说,"老师,我还需要一些工具帮助自己理解、记忆和运用您教授的方法",那么,下一章就来说说这个问题。

CHAPTER 5
第 5 章

辅助

如何快速地开发课程工具

> **思　考**
>
> 什么样的 PPT 才是好的课程 PPT？
> 需要哪些资料辅助听课、实践乃至教课？
> 需要开发哪些线上工具？

> 人强不如家伙强，多做不如精做好。
>
> ——民谚

不管你用不用苹果公司的产品，iPod、iPhone这些经典产品都在影响着电子产品的设计，影响着你。然而，你知道苹果核心设计师乔纳森·伊夫的设计理念又受谁的影响吗？

他叫迪特·拉姆斯，被誉为"德国工业设计大师"，是有着百年历史的博朗的首席设计师，号称"活着的最伟大的设计师""设计师中的设计师"。他曾经阐述他的设计理念是"少，却更好"（Less, but better；德文：Weniger, aber besser），并提出了好的设计应具备的10大原则：

（1）好的设计是创新的。

（2）好的设计是实用的。

（3）好的设计是符合美学的。

（4）好的设计是让产品更易懂的。

（5）好的设计是诚实的。

（6）好的设计是含蓄的。

（7）好的设计是历久弥新的。

（8）好的设计是极精致的。

（9）好的设计是环保的。

（10）好的设计是尽可能少设计的。

不用解读，你也能感受到这些原则的威力，以及回忆起苹果产品的样子。

在本章，我们其实也是要开发产品，开发服务于课程的辅助产品，是视觉化、辅助信息传达的PPT，是有助于课程实践、练习与讲授的3种手册，也是线上支撑课程的问卷与平台。

我不敢说我推荐的这些都是创新的、优美的，但保证是容易使用的、简单的。

因此，希望这一章是你可以用完即走的，如同"微信之父"张小龙所说，"好的工具应该能高效率地达成用户的目的，然后让用户离开。如果一个用户要沉浸在里面，离不开它，就像你买了一辆汽车，开着它到达了目的地，你说汽车里面的空调特别好，所以要待在里面，那不是它应该做的事情……我们要考虑的是如何更高效率地帮助用户完成必要的事，而不是让用户在微信里面永远都有处理不完的事情……"

希望你打造出易用、简单的好工具。

一、模板：开发制作 PPT 的三形操作

> PowerPoint，就是形象很 power，逻辑有 point。
>
> ——何平

快制作 PPT= 塑形 + 成形 + 美形

- 塑形：要根据什么逻辑确定 PPT 的页数？

- 成形：如何利用思维导图、Word 等一键导出 PPT？

- 美形：如何套用 PPT 主题模板一键换装？

首先，请问以往你开发课程时，会有多少时间用在做 PPT 上？10%、30%，还是 50%、70%？

在我的辅导经验中，大多数内训师会把课程开发的大部分时间放在对 PPT 的开发上，甚至一开始就打开 PPT 软件。其实这是一种误解，以为 PPT 决定了课程的质量。虽然 PPT 是课程开发完成的一种标志性产物，但它只属于锦上添花，绝非雪中送炭。因为从实质上来讲，

它只是有效内容的可视化展示而已。比如，没有PPT，只要有培训内容的制度、手册，依然是可以的。因为你的授课不是项目路演，不是参与比赛，不是接待来访，也就不需要过于光鲜亮丽的修饰。学员是通过你的课程提升能力，而不是收藏你的PPT提升艺术鉴赏力。

那么如何让我们精简PPT开发时间，快速成稿呢？用一个词，就是"模板"。这个模板，不单单指的是方便美形的PPT主题模板，前面还有重要的两步，方便塑形的课程九宫格板块和方便成形的导图结构，这就是PPT三形操作（见图5-1）。

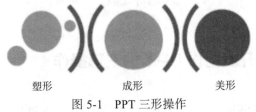

图5-1　PPT三形操作

1. 塑形快复制

首先，想PPT做得快，就要借助已有的内容去塑形，也就是基于课程九宫格去对应设计PPT页面。

也就是说，任何一个课程PPT都有以下页：

（1）封面，对应"问好"。

（2）自我介绍或破冰游戏，对应"连接"。

（3）目录，对应"地图"。

（4）知识点导入，对应"体验"。

（5）知识点讲解，对应"知新"。

（6）知识点练习，对应"练习"。

（7）总结，推荐沿用以上的目录页。

（8）感谢，对应"激励"。

（9）作业或后续计划，对应"促动"。

因此，就"工具 13：课程九宫格表"里的范例而言，我们就可以对应设计成图 5-2。

图 5-2　课程九宫格范例

注：1. 转场页或章节页（就是"体验"那一格的第一页），我重复利用"地图"页，只是在不同章节，加粗对应的文字。与专门做一页的传统做法相比，这样做既方便学员定位目前讲解的位置，又简单，还能保持一致性。

2. 每一格做多少页 PPT，需根据实际情况来定。比如，以"知新"里，我配了一个例子，就加了一页"案例"页。

工具 14：基于课程九宫格的 PPT 模板

有了模板化思维，你只需提前做一套基于课程九宫格的模板，然后在课程开发的前几个阶段完成后，将内容填入对应的页即可。是不是很高效呢？而且肯定在逻辑上还有 point（要点），毕竟背后有课程九宫格撑腰。

2. 成形快导出

打开 PPT 前，我们往往会先用上另一个软件，那就是思维导图软件。我们用它来梳理课程内容有 3 个优点：一是方便调整关键词、章节的层级，随时想改就能改，拖动非常方便；二是一目了然，方便看清楚关键词之间的关系，方便检查各层级是否符合 MECE 原则；三是能够快速导出 PPT。以 XMind 8 Update 8 Pro 软件 MAC 版里的思维导图为例，在付费开通了导出 PPT 功能的基础上，先按照课程九宫格板块绘制好导图，如图 5-3 所示。

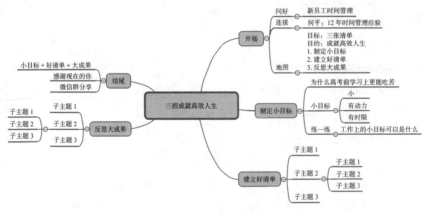

图 5-3 导图示例

然后点击"文件—导出"，选择"Microsoft PowerPoint"格式，会得到如图 5-4 所示的 PPT。

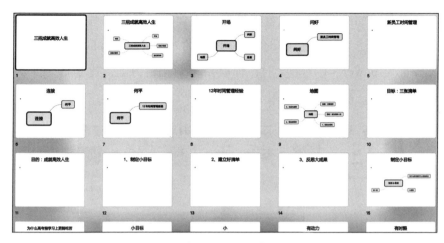

图 5-4　PPT 示例

3. 美形快套用

上一步成形很快,但是不美观,因为没有什么修饰。

接下来,我们往往就是去复制、粘贴一个漂亮的或者公司要求的 PPT 页,复制要展示的文字,粘贴进对应的文本框,然后一页页循环操作。这样很慢,而且一旦要调整,非常不方便。

这时候我们就要学会正确套用 PPT 模板。在 PPT 软件里,可以找到"设计"栏,里面有很多预置的主题模板,单击即可一键换装(见图 5-5)。

如果你要用自己的模板,怎么办呢?单击"设计—主题"下拉菜单,选择"浏览主题",添加你自己的模板。

之后你在左侧缩略图里选中一页,按照这页的特点,在"开始"栏的"板式"里选取对应,即可一键调整(见图 5-6)。

习惯决定命运,模板造就高效。

最后提醒你的是,以上模板思路旨在追求快产出,从而帮助你节省出更多时间用在对实战内容的挖掘和教学上。

但是，如果对 PPT 的美观性确实有要求，比如要参加比赛、路演、接待来访等，总之听众会通过 PPT 的外观来判断你的实力，需要形象非常 power（有力量）时，你就要特别花精力了，比如请 PPT 高手同事帮忙，甚至付钱请专门的 PPT 设计公司来做。

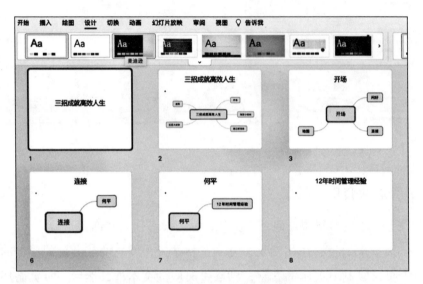

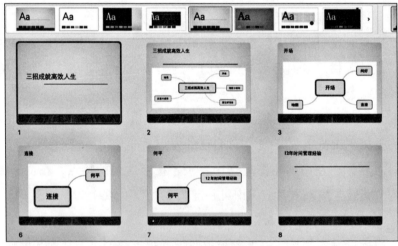

图 5-5　在 PPT 中利用模板换装

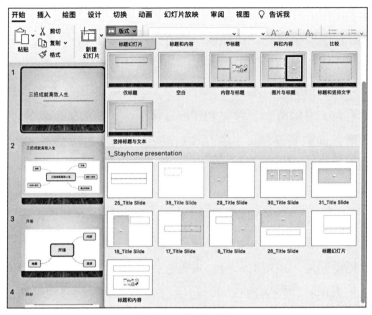

图 5-6 换装示例

二、复用：开发易用、易改的 3 种手册

> 我们最重要的目标，是通过持续不断地及早交付有价值的软件使客户满意。经常地交付可工作的软件，相隔几个星期或一两个月，倾向于采取较短的周期。以简洁为本，它是极力减少不必要工作量的艺术。
>
> ——敏捷开发十二原则，节选

3 种手册 = 学员手册 + 实践手册 + 讲师手册。

- 学员手册：如何复用 PPT 开发辅助学员理解的资料？
- 实践手册：如何复用 PPT 开发辅助学员应用的资料？
- 讲师手册：如何复用 PPT 开发辅助讲师备课的资料？

除了课程 PPT，课程还会有哪些配套资料？

这时往往就会提到"课程包"的概念。我在 2017 年参加了"我是好讲师"全国比赛，取得了"百强讲师"的称号，同时，"知行力：让你的学习精快好省"课程还拿到了优秀课程奖。当时提交的课程包里有课程简介、讲师简介、课程 PPT、讲师手册、案例集、教学活动集、学员手册、训前测评题、书签、训后任务卡等，除此之外，课程的公开课版本资料里还有训后测评题、知识卡片、提醒卡片、证书、定制笔记本等，是不是有点眼花缭乱？

其实，企业内部的培训并不需要那么复杂。有些企业在组织内训师开发课程体系时，总是想着一下子完善各门各类，追求大而全，每个课程还要开发一系列的资料，其实这会造成以下两个问题：

（1）无用：往往一次成型，在项目成果会上展示一次，然后束之高阁，最多在大领导、嘉宾来参观时，把一册册厚重的资料搬出来晒一晒。

（2）烦琐：制作和修订复杂，往往花费大量时间。内训师都是兼职的，哪里有那么多时间慢工出细活？

背后原因是没能运用复用的思维。

"复用"的概念来自敏捷开发，在程序员开发软件时用得比较多。比如，在开发电子书 App 时，如果程序员用一个代码模块实现了搜索功能，那么不管是搜索电子书书名，还是搜索作者姓名或者搜索全文，后台都会设置为调用这个搜索代码，这就是复用。不是重新设计新的搜索代码模块，或者复制这个搜索代码模块到 N 个地方分别调用。为什么呢？因为重新设计或复制一旦遇到这个搜索代码模块要变更，那就必须到多个地方修改，很麻烦。但是，如果是复用的话，就只需更改那一个代码就可以了。

我举个课程开发里的例子，讲师手册里一般有简介和页面说明两个部分，模板如图 5-7 所示。

第一章　略			
培训目标	略	总体时间	× 小时
大纲	略		
教学活动	略		
重点提示	略		

PPT：标题

PPT 图片 （图片要求：大小适宜即可）		
导入	略	
展开	核心内容	略
	培训方法	略
	素材工具	略
结尾	略	

图 5-7　模板

设计者的想法很好，希望以此帮助内训师备课。但你有没有发现，同样的内容，内训师要复制 3 次进行填空？比如，在课程 PPT 中要写大纲，简介中要写大纲，页面里还要写一遍，这还没算"课程简介"等其他资料里的！

一旦课程内容需要更改，那就至少要改 3 次！那你猜猜内容会不会更新呢？除非你的课程是一次性开发，给领导看的面子工程，否则一定会改，情况变了要改，学员不同了要改，每讲一次就要改一次。

如果用这种思路开发资料，结果只能是无用且烦琐。最后都没人愿意成为内训师了，听到开发课程就想躲，而且开发出的内容版本前后不一，最终沦为废纸。

接下来，我们就来看看易用、易改的实用办法：3 种手册（见图 5-8）。

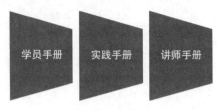

图 5-8　3 种手册

1. 学员手册

学员手册不要单独做。我知道大多版权课程会设计专门的学员手册，但别人就是专门做这个生意的，也有专门的设计人员，而你作为内训师，主业是快速教会学员，而不是让他们折服于你的软件操作。

常见的办法是复用课程 PPT，将其中需要学员上课时边听边填写的内容（例如方法里的关键词），替换为带下画线的空格，然后单击菜单里"文件—打印"，选择"板式"为"讲义"，导出为 PDF 格式，之后打印即可。

如果你培训的是"公司人力资源管理制度"等有现成资料的课程，那直接在资料里摘取，打印即可。如果你讲的是一本书，那就复印对应的几页。

总之，学员手册存在的价值是让学员有书面资料，协助他们理解，而不是非要单独搞同样内容的另一套资料。

2. 实践手册

你猜猜，下课后有多少人会拿出学员手册复习？遇到相关问题时，翻开手册，又能多快翻到对应的内容？因此，为了方便学员使用，我们要做实践手册。我们还是复用课程 PPT。

选出其中的知识点"知新"页或者"总结"页，给学员打印一套，让他们能方便地贴在办公桌或工作现场，随需随看。比如，本书前面的"课程开发一页纸"就是这样的实践手册，推荐将其撕下来贴，或者拍下来作为手机桌面图片。

这种手册可被称为工作辅助记忆工具，或者绩效辅助支持系统，或者外部辅助记忆资料，或者行动清单。比如，洗手池上贴的洗手的N步骤，生产制造现场贴的图文并茂的标准作业卡，"知行力"公开课赠送的写明阅读步骤的书签，有些笔记本会有固定内容格式的空框，《高效能人士的七个习惯》中的"双赢协议核对表"（见表5-1）。

表5-1　双赢协议核对表

协议五要素	自问清单 当你要授权下属或与同事合作时：	完成勾画	跟进行动
预期结果	结果是否已定义？涉及的人所设想的是否都是同一结果？这结果是否对双方有利？		
指导方针	是否明确了需要遵循的规则、政策或规范？		
可用资源	是否明确了必需的人力、财物和技术资源？它们是否可以利用？		
任务考核	是否明确了必须汇报什么，何时汇报，向谁汇报？		
奖惩制度	是否明确了成功和失败的后果？这些后果是否与希望的结果有联系？		

它能解决成年人记忆难的问题，不是我们花时间也记不住，而是没有必要专门记！

3. 讲师手册

讲师如何写PPT资料，在PPT备注里写就够了。那写什么呢？4个方面供参考：

（1）目的：方便把握方向。

（2）时长：确保授课节奏。

（3）话术：讲到这页PPT时讲师该说什么话，就写上去。

（4）难点：可以确保质量。

比如上一节的微课，我就可以在第一页备注里写：

目的：开门见山，引起注意。

时长：10秒。

话术：各位新员工，大家好！今天非常荣幸为大家带来"三招成就高效人生：新员工时间管理"课程。

难点：声音宜热情、忌平铺直叙。

这样操作后，如果需要纸质的，可以方便导出，还可以在忘词时用PPT演示者视图查看内容。

怎么实现呢？前者是单击PPT菜单里"文件—打印"，选择"板式"为"注释"，导出为PDF文件，并打印。页面上半部是PPT页面，下半部是备注内容，方便拿在手上对照备课（见图5-9）。

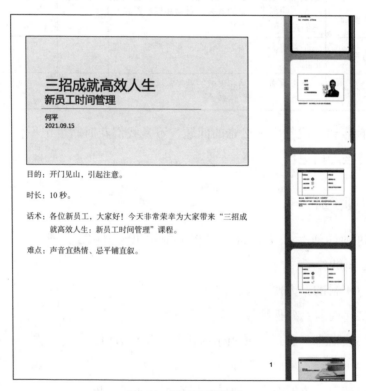

图5-9　讲师手册示例

后者，如果你外接电脑播放，比如投影仪，那么以 Windows 为例，在"设置—显示"里，选择多显示器为"扩展这些显示器"，即可在播放 PPT 时实现你的电脑是演示者视图，包括"播放时长、下一张幻灯片、该页位置和备注"，而投影出来的屏幕展示的是 PPT 页面，学员看不见你的演示者视图（见图 5-10）。

图 5-10　PPT 投影示例

未连接时，可在全屏播放 PPT 时右键单击屏幕，选择"使用演示者视图"。

"复用"这一节就讲到这里，要记住培训的目的是提升绩效，就像伐木工要追求多砍树，不要天天思考如何在斧头上面刻个花，费时费力没意义。开发资料的目的是辅助授课、易于迭代，不是高大全、好面子的。

最后送大家一个窍门：刚开始做一件事时千万别求完美，因为一求完美就行动缓慢，就会造成拖延，因此，无论工作还是学习，快做、快错、快改，也就快会。

三、在线：开发在线问卷的四维要素和在线授课的 4 个推荐

> 电商网购、在线服务等新业态在抗疫中发挥了重要作用，要继续出台支持政策，全面推进"互联网＋"，打造数字经济新优势。
>
> ——《2020 年国务院政府工作报告》

在线＝问卷四维要素＋在线 4 个推荐

- 问卷四维要素＝愿景展望＋经验回溯＋能力评估＋需求调研。
- 在线 4 个推荐＝千聊＋腾讯会议＋小鹅通＋鲸打卡。

2020 年，突如其来的新冠肺炎疫情引发了线上培训热潮，线上和线下的融合从"可选项"变成了"必选项"。

线上和线下的融合包含两道大题：在线问卷和在线课程（见图 5-11）。

图 5-11　问卷四维要素＋在线 4 个推荐

1. 在线问卷的四维要素

要让学员成长，不仅要明确目标，知道到哪里去，还要明确现状，现在在哪里。因此，如果没有调研，就很难知道学员的真实情况。

举个例子，有朋友与我交流他设计的新课，发给我用思维导图做的大纲与知识点，希望我给他提提建议。他刚讲了开头，我就打断他说："我看完了，我们直接讨论吧。""啊？"我从他的反应中感觉到他肯定不敢相信，怎么那么快就看完了，而且看完了也不一定理解了啊。也许他还觉得我这个人太自负，不懂得聆听。

于是我建议："你现在不做老师，你做考官，直接考我，如果我答不出来，你再讲。"于是他问："这个课讲了什么，期望学员学到什么？"我一一回答。

他有些惊讶地说："哇，你真的都了解了。"他并不知道是因为我对那个主题很熟悉，也很擅长。随后，我们就省略了针对新手的陈述环节，而快速进入了深度交流中。

你预设的课程是兵法、阵法，而调研就是知己知彼。没有完美的战法，只有合适的做法。面对不同的人、不同的需求，我们要通过调研来调整。

下面分享四维要素，供大家设计问卷时参考使用，它们分别是愿景展望、经验回溯、能力评估和需求调研。

（1）愿景展望，帮助学员确立美好的愿望，以激励他改变。

可以从正反两个方面进行激励，推荐如下提问：

当提升了××能力，你认为会给你的工作、生活带来哪些积极而深远的影响？如果无法提升，又会带来哪些麻烦？

当学员自己说出做的好处和不做的坏处，按照承诺一致原则，学员就更有可能兑现承诺，加速改变。

（2）经验回溯，帮助学员回顾过往的经历，从而了解自己已经知道了什么。

可以从理论和实践两个方面询问，比如：

1）关于本次××主题，你以往读过哪些书？参加过哪些培训？如果写下1～3条心得，那会是什么？

2）你在××主题上，已经积累了实践经验多少年？有什么样的成果？

他说的，不一定是他做到的。所谓"知行难合一"，我们要通过能力评估加以检查。

（3）能力评估，帮助学员了解自己的能力。

能力评估可以从整体模型和单项测试出发。以本书配套的"课程开发魔方：内培师轻松开发课程6面法"版权课程的调研题为例，我们会从6大维度进行自评，比如目标会有以下标杆行为描述：

我开发的课程，对提升员工绩效、协助企业实现目标有帮助，而不是照本宣科地讲现成资料……（1～5分）

学员可以根据情况按1～5分打分，从而测评出自己的强项和短板。

对于单个知识点，你可以用情景测试的方式，比如我的"高效能职场人士的6个习惯©"课程，就设计了以下内容，以了解学员对于目标管理的理解。

《变真的假支票》：金凯瑞，好莱坞著名喜剧演员，回溯到1990年，当时他已经在好莱坞默默打拼了10年，不过还没出名。失意的他做了一个决定，给自己开了一张1000万美元的支票，兑现时间是5年后。然后他开着自己早年存钱买下来的破旧小车到了山顶，站在车上幻想着自己将来的成功，用这张"假支票"鼓励自己。4年后，他以《变相怪杰》成为好莱坞片酬最高的喜剧明星。你觉得金凯瑞的假支票对他的成名起到了什么帮助？为什么要真实地开一张支票，而不仅仅是想一想？

（4）需求调研，上面的能力评估是从课程角度去评价的，这一步调研，则是从学员自身出发询问需求。

1）现场还原：了解他想解决的问题。

2）大纲连接：了解他对课纲的想法。

3）意见补充：了解他的其他意见。

问卷中使用以上四维要素，就能帮助你激励学员、了解学员、测评学员、熟悉学员了。本节结尾附上"工具15：调研问卷模板"，供参考。

给大家推荐3个在线问卷调研平台，一个是我常用的问卷星，另一个是金数据，还有一个是UMU。UMU的优势在于它本身就是一个课程平台，因此课程和问卷可以一起做。

2. 在线授课的4个推荐

在线授课我经常使用的有千聊、腾讯会议、小鹅通与鲸打卡。

千聊可以实现"语音直播—PPT"模式、"视频录播"等功能。前者就像你在微信里发送语音一样简单，上传PPT导出的图片后，你就可以边讲边录音，学员可以无限次回听，还可以评论留言，这样就方便了学员利用碎片时间学习，讲师收集作业。后者可以快速创建课程，你可以先在电脑上边播放PPT边讲，同时用录屏软件录制，然后把录制的视频上传就可以了。

腾讯会议是直播和会议最好的选择之一，无论是线上还是线下培训时，都可以打开，同步授课。相比于千聊，它可以随时开麦、视频互动和录制，非常方便。如果付费版，还可以同步转录语音等，讲完一遍，文字稿就出来了，很方便学员复习。

小鹅通则是多数培训机构的选择。在《培训》杂志旗下的"培伴"App做直播时，我还发现它可以同步转播到微信视频号。

我在征集《能力的答案》一书的初稿意见时，用了鲸打卡，可以设置过关模型。当时我把每一篇文章设置为一关，读者只需要每天查收并按照格式打卡，就可以解锁之后的内容。这类打卡App或小程序，很方便学员课后的持续练习。

总之，原则还是"简单"两字，对于以上功能，如果你能用每天要打卡的钉钉App或者每天打开无数次的微信及小程序实现，那就没必要搞N种工具了。

工具15：调研问卷模板

尊敬的各位领导、亲爱的各位同事：

大家好！很荣幸将为大家带来"××"课程，协助大家提升××能力，取得××成果。在此特别邀请大家分享自己的意见，以便我们更好地设计课程，为大家服务。

内训师××

××部门

×年×月×日

一、基本信息

1. 姓名
2. 岗位

……

二、愿景展望

当提升了××能力，你认为会给你的工作、生活带来哪些积极而深远的影响？如果无法提升，又会带来哪些麻烦？

三、经验回溯

1. 关于本次××主题，你以往读过哪些书？参加过哪些培训？如果写下1～3条心得，那会是什么？

2. 你在××主题上，已经积累了实践经验多少年？有什么样的成果？

四、能力评估

1. 模型自评（以"课程开发魔方"课程为例）

（1）我开发的课程，对提升员工绩效、协助企业实现目标有帮助，而不是照本宣科地讲现成资料。

（2）我熟悉讲授内容，流利不忘词，时长控制适当，而不是仓促上阵、严重超时。

（3）课程开场，我的问候自信大方，说明了课程名称，引起了学员的注意，而不是拘束，没精气神。

（4）课程开场，我简要介绍了自己的姓名及相关经验，而不是忘记了介绍自己，或者过分谦虚。

（5）课程开场，我进行了问答互动，概述了内容大纲，说明了学习目标，而不是直接进入主题。

（6）授课中，我采用提问、游戏、观看影片等让学员体验的方式引入知识点，而不是全程平铺直叙地讲述。

（7）授课中，我清晰讲解了知识点，附上了例子，而不是仅仅只言片语地讲枯燥的理论。

（8）授课中，我通过小组讨论、角色扮演、考试等方式，让学员对知识点进行练习，而不是自己的独角戏。

（9）课程结尾，我总结了课程内容与知识点，而不是草草收场。

（10）课程结尾，我感谢或鼓励了学员，而不是缺少情感连接。

（11）课程结尾，我布置了作业，让学员持续练习，而不是仅仅问一句"大家有问题吗？"。

（12）我使用了适宜的PPT或挂图等，辅助了教学表达，而不是喧宾夺主或图不达意。

（13）学员看不出我手脚发抖、面红耳赤等明显的紧张感，是我自己被紧张吸引，而忽略了课程。

（14）我与学员有眼神交流，而不是只盯着PPT或某个角落。

（15）我面带自然微笑，而不是一脸麻木。

（16）我有适当的手部动作，而不是长时间地抱臂、背手或手交叉。

（17）我原地站立时身体挺拔，而不是抖脚或左右倾斜。

（18）我有自然的讲台走动，而不是始终固定在同一位置。

（19）我吐字清晰，声音洪亮，语速语调有变化，表达流畅自然、口语化，而不是磕磕巴巴。

（20）授课时，我有亮点表现，比如使用与工作相关的案例，富有激情和感染力，内容有独到的见解。

2.情景测试（以"高效能职场人士的6个习惯©"课程为例）

美国前总统富兰克林·罗斯福，一次家里失窃，损失惨重，朋友写信安慰他。罗斯福回信说："亲爱的朋友，谢谢你的安慰，我现在一切都好，也依然幸福。因为：第一，贼偷去的只是我的东西，而没有伤害我的生命；第二，贼只偷去了我的部分东西，而不是全部；第三，最值得庆幸的是，做贼的是他而幸好不是我。"

如果你是他，你会如此思考吗？为什么会有如此幽默的回复和豁达的心境呢？

五、需求调研

1. 现场还原

关于××主题，请写出你最想解决的问题（尽量具体描述经历）。

（1）背景：问题的起因、发展、相关人。

（2）问题：出现了什么矛盾/困惑/挑战。

（3）行动：你已经做了什么努力去解决。

（4）结果：目前的结果是什么。

2. 大纲连接

以下是标准版课程大纲，你特别想学习的1～3个章节是什么？

（略）

3. 意见补充

为了这次培训成功，你有什么好的想法与建议？你可以贡献什么？欢迎留言说说你的心里话。

本章如果用一个字总结其精髓，那就是"快"！

这种快，是实现目的的第一性思考，而不是落入俗套、循规蹈矩，甚至做着做着忘了初心。

雪岭同学就是个中高手。2021年8月我在青海银行授课，之后她积极地推荐我的书给身边的朋友，而从她的微信推荐截图里，我发现了一件很有创意的事，她的聊天背景是知识点（见图5-12）。

尽管这样的操作很简单，但价值可以很大。你可以插入知识点的图，比如"沟通时要即时反馈'收到'或什么时候跟进"，这样方便你交流时运用。你可以插入对方的信息，比如需求、生日，这样方便你营销或祝福。你可以插入与对方的合影，方便你回忆你跟他的第一次见面。总之，这是对微信工具的创新，而无须专门开发工具来复习、营销和回忆。多么巧妙呀！

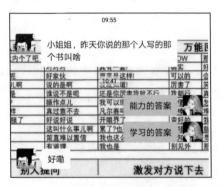

图 5-12　以知识点为聊天背景的微信

"天下武功，唯快不破"，希望大家在课程开发工具上快开发、快使用，快收获。

挪威戏剧家易卜生说："你要想有益于社会，最好的方法莫如把自己这块材料铸造成器。"除了本章所讲的工具外，你其实是课堂最重要的"工具"。第 6 章，我们将谈谈铸造自己自信呈现的方法。

CHAPTER 6
第 6 章

演绎

如何自信地进行课程呈现

> **思 考**
>
> 如果你能和上台紧张和谐相处,你会有什么变化?
> 你会从哪几个方面来判断一个培训师的
> 自信度与专业范儿?
> 在你的课堂上,你最不想遇到什么情况?
> 一旦发生,你会怎么做?

> 教育的本质意味着，一棵树摇动另一棵树，一朵云推动另一朵云，一个灵魂唤醒另一个灵魂。
>
> ——雅斯贝尔斯

谈到课程开发，就不能不提课程演绎，也就必然会谈及一个词语——TTT（培训师培训）技术。

据金才兵老师研究，自20世纪90年代进入我国培训市场，TTT经过20多年的发展，已是迭代进化。我根据自己的经历和理解，将其分成了三个阶段。需要说明的是，这三个阶段并无高下之分，只是按出现的先后，因为企业需求或各个地区发展水平不同。没有最好的技术，只有对口味的服务。

1. TTT 1.0：演员

金才兵老师将TTT 1.0概括为"手眼身法步，重点训练培训师在台上的肢体动作，让手、眼、身、口更加自然、更加协调、更加合一"。

我个人对它的理解就是演讲，这是从外在演绎来看培训师、好似培训师都是那种口若悬河、举止不凡的明星。在这类课程中还会训练培训师在台上的语言表达技巧。但过度了就会沦为花架子，搞成了演讲培训、主持人培训。也因此被企业诟病不实用，也很难学得会，因为一个人的魅力很多时候是天生的。而且，如果员工被训练出来了，大多跑出去当职业讲师了，企业也留不住。

但是不是它就一无是处呢？当然不是。本章就将以"接纳紧张、呈现七度、即兴共振"三节展开，如果没有对紧张的正确认知和接纳训练，那你的表达势必影响专业内容的传递。如果没有自信的呈现，学员对你的信任度就会大大下降，影响他们对优秀内容的专注。如果领悟了即兴的精髓，并与学员形成共振，那你不再是站在学员的对面，而是走近了他们，与之共舞，跨越身在、眼见，到达了心合。

2. TTT 2.0：编剧

我很庆幸在 2012 年即入行两年后就接触到了"世界银行集团国际金融公司 TOT 培训师"国际版权课程。这门课程注重课程开发，涉及了经典的库伯学习循环圈等教学设计原理，还有务实的提问、破冰等教学活动拆解。它让我真正认识了这才是培训，以学员为中心。

除了以上提到的怎么教，还有教什么。企业在大量采购各类培训课程之后，终于发现，外来和尚确实好念经。但此经只能外来和尚念，不落地、不实用，因此经验萃取、复盘等挖掘与梳理企业实践经验的流派便开始盛行。

再怎么挖，也是自己地盘上已有的内容，那么如何吸收、转化外部经验呢？这成了一个急需解决的问题。拆书帮的拆书技术，就是其中的翘楚。我在 2014 年发起运营了西南第一个拆书帮分舵——成都蜀汉分舵，在担任首任舵主、成为西南第一个三级拆书家的过程中，我深深感受到了拆书的性价比和有效性，极大地帮助了当时自己所在的世界 500 强企业开展培训工作，支持公司从 180 人快速发展到 740 人，业务顺利开展，我个人及培训团队多次在年中、年终评比中获得表彰。

然而，既然道理懂那么多，但为什么没有达成业务部门对培训的高期望呢？

3. TTT 3.0：导演

如果说 TTT 1.0 是本书的"演绎"章+"辅助"章，TTT 2.0 是"内容"章+"教学"章，那么 TTT 3.0，就再深挖了一层，来到了问题的原点，"目标"和"组织"。

换句话说，就是"问题分析与解决"和"组织设计与领导管理"。这是从源头上思考，"为什么要做培训，要通过培训实现什么目标，实现这一目标有没有其他更好的办法，或者各种技术如何形成协同作战"。

因此，培训行业开始兴起"行动学习/促动技术""绩效改进"等技术。你有没有发现，培训人甚至开始肩负业务责任，下场以项目和咨询直接干预业务管理，帮着业务部门做业务了？

这一点也是我的"课程开发魔方"课程的优势及与其他课程的区别，它能让你乃至培训部门站在更高的角度审视全局，提前去除即使开发出来也没用的课程，节省企业宝贵的资源到更需要的地方，不让公司上下误会培训工作尽是委派无意义的活儿，仅仅是为完成培训部门的 KPI，而是在用课程协助业务部门实现公司的业绩目标，用课程提升员工的能力与未来价值。

我观察到的 TTT 演变，就回顾到这里。之所以在这里谈 TTT，是希望你能了解各章背后的逻辑，这样你就能对症下药了。

如果你们公司领导以现场演绎和 PPT 精美程度给你的工作成果打分，那么你就好好演练这部分，甚至去参加像头马俱乐部这样的演讲社群以增加你训练和被指导的机会，外包 PPT 给专业制作团队以帮助你为内容裹上金装。

如果领导更看重实操的课程内容，那么你就值得好好研读"内容"章与"教学"章。

如果你发现影响绩效结果的重要因素在课堂之外，那么你就要停下冲动开发的脚步，看看"目标"章与"组织"章。

一、接纳：接纳紧张的 9 个认知

> 世界上只有两种人，紧张的和假装不紧张的。
>
> ——马克·吐温

接纳紧张 = 正确认知 + 习惯眼神 + 扩展肢体 + 找好伙伴 + 提问转移 +
　　　　　法无定法 + 真诚送礼 + 觉察卓越 + 练习、练习、再练习

人人都会紧张。

人人，都会，紧张。

卡耐基这位演讲大师曾提到，上台演讲的恐惧，几乎是百分之百的人都有的。早在2014年思碰头马俱乐部的第一个公开活动日，我亲眼见到一位嘉宾在台上是如何紧张到超时的。

不用担心，紧张虽然像突然窜出来的黑影一样可怕，甚至会一直跟着你，但看完本节的9个认知（见图6-1），你会发现，"哦，原来它只是一直陪伴着我的影子而已"。

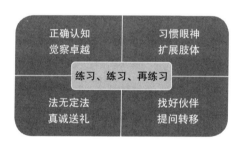

图 6-1　接纳紧张的 9 个认知

1. 正确认知

首先，我们来做一次穿越。设想一下，你身处远古时代，一天你从安全的洞穴钻出来觅食。

突然发现在一片开阔的空地上有你喜欢吃的野果，鲜红、硕大，一想到只溶在口、不溶在手的味道，你不禁吞了下口水，握紧了拳头。

你三步并作两步跑到跟前，刚采摘了两把放在手里，突然你感觉空气中似乎起了些变化，转身一看，不远处的树林里浮现出很多发光的眼睛，直直地盯着你。这时候时间仿佛静止了，猜一猜，你当时身体会有什么反应，会有什么感觉，又可能做些什么呢？

无论你的答案是什么，你有没有发现，这其实跟你在讲台上的情形和反应是一样的呢？

开阔空地＝空旷讲台，危险眼神＝学员目光，接下来你会面红耳赤、口干舌燥、心跳爆表、手脚战栗。

后面的这些症状，你通常会理解为"哎呀不好，我怯场了，我紧张了"，但高手会理解为，"嗯，我的身体感知到了危险，它在帮我做好战斗或逃跑的准备，当然我现在不是在远古，我很安全，不会有生命危险。就让我将这些能量从战斗、逃跑转化为激情和感染力吧"。

一般人和高手认知的差异，决定了接下来结局的不同。一般人强抑制住抖动，不小心说出"我叫不紧张"，而高手向前走了几步，用具有爆发力的嗓音将听众笼罩到自己的能量场中。演讲结束后，一般人心想该死的紧张怎么又找上我了，而高手开心每次成功的培训都得到紧张这个朋友相助。

说到这里，相信你已经明白了，接纳紧张的第一个认识就是正确认知紧张。

紧张必然会来，我们要对它说，"你来了，我的好朋友，远古时代你帮助我对抗危险、成功存活，现在你帮助我拥抱能量、成功演讲，让我们一起给听众带来一场精彩的分享吧"。

你说一下子就化敌为友太难了，那我想说，你至少不要太关注它，因为越关注反作用力越大，就像你越想"我不要想一头粉红色的大象"，你心里反而会出现一头粉红色的大象，越节食越会暴饮暴食一样。

与其关注你的紧张，不如关注你的内容。

2．习惯眼神

当你走路、等车乃至跟人交流时，请你关注一个小问题，你那时的眼神一般放在哪里？

据我观察，大部分人的眼神都在地上、手机上、脸上甚至脚上。

然而，我们都知道真诚的分享是要直视对方双眼的，但是这种体验，甚至大部分人在热恋时可能都不常见。

为什么呢？因为眼神是极具力量的。你有没有这样的经历，你本来好好地走在路上或坐在办公桌旁，但总觉得有点儿奇怪，背上好像被一束光照得有点热，又好像背了荆棘有点儿刺，于是回头一看，原来是有人盯着自己。这样说来，漫威漫画里的"镭射眼"绝对不是凭空捏造。

可想而知，如果你在生活中，连一两个人间的直视都无法习惯，那么站在台上被很多人直视，就更难了。

那怎么办呢？我们可以试试心理学里的"系统脱敏法"，就是逐渐习惯对视。

我以往的练习是在走路、等车时，尝试跟人眼神交流，盯一两秒，然后换另一人盯。我还发明了一种移动演讲法，就是在等地铁时，边走边默默演讲，把其他人当成听众，看着这个人讲一句，对着下个人讲两句，逐渐习惯之后，你就不会被眼神所困扰了。

当然，你可不要一直盯着同一个人。

下一次坐电梯，尝试不要一直盯着楼层按钮，而是看看别人，如果他也看到你了，你就热情地看着他的眼睛，说一声"早上好"或"你也加班到那么晚啊"，毕竟相互温暖下也是极好的。

3. 扩展肢体

回忆一下你心情不好的时候，如伤心、郁闷、焦虑时，你的身体姿势。再回忆一下你自信满满、活力四射的时候的状态、动作。轮换两种姿势，感受下有什么不同？

"当代心理学之父"威廉·詹姆斯，其代表作《心理学原理》，在1890年首次出版以来，就被誉为"迄今为止最具文学性、最具启发性、最具聪明才智的心理学书籍"。其中描述了一种反常识的论断。

对于情绪，我们以往的常识是认为某件事和某个想法会让你产生某种情绪，进而产生某种行为。但其实反过来也是成立的，某种行为也会产生对应的情绪，这被称为"表现原理"。

根据这个原理，我们可以通过表现出某种情绪的行为而获得相应的情绪感受，比如没有缘由地大笑，最终会让自己开心起来，"……令人感到愉快的最自主有效的方式……就是要让人愉快地坐着、愉快地环顾四周，仿佛已经很愉快地行动和说话了"。

因此当你紧张的时候，你可以怎么做呢？扩展肢体。尽可能大地伸展身体，这就是暗示自己，我很强大。你可能觉得这样做很傻，那你试试我的常规做法：提前一个小时到场地，到处走走，把场地当作自家地盘，就像扩大自己的能量圈。

如果是参加演讲或比赛，我会提前一两个选手主动站立候场，站在不影响当场演讲但评委可以看见的地方，与评委来一次眼神交流，也为前一个选手大力鼓掌，与他互动。这样既避免一下子从坐姿到站姿带来的生疏感，也让评委提前感知到你，留下印象。更重要的是，让紧张成为使自己兴奋的能量。

4. 找好伙伴

任何一次培训，你一定会遇到3种人：喜欢你的、不喜欢你的、既不喜欢也不讨厌你的。那你应该关注谁，看着谁讲课呢？

对于新手来说，当然是喜欢你的。看到他们频频点头、鼓掌、微笑，你感觉自己讲得太棒了，就会越讲越有状态。相反，看着面目严肃、皱着眉头甚至玩上手机的人，你心里会越来越发毛，其实背后可能是对方身体不舒服而已，与你的授课好不好没有关系。

你可能会说，我怎么知道哪些人是友好的呢？我教你提前找托儿法。早早来到会场，和那些积极的、与你对视的前排观众聊一聊："我等下要分享，但有点儿紧张呢，一会儿能不能多给我一些掌声？""很好奇你是带着什么期待来的呢?""你的这个问题提得非常专业,等一会儿在互动环节能不能邀请你来发言呢?"这样交流几句,不就让陌生人变成老朋友了吗?

甚至你可以和对方对对稿,"我准备讲……"既熟悉了内容不忘词,又了解了听众的感受,甚至开场时就可以从这段交流开始,"刚刚我和这位伙伴聊了两句,他提到了××,我相信这也是大家共同关心的问题,今天我就是来解决这个问题的。""开场之前,我与一位朋友交流,他分享了××,由此感到我们的伙伴真是非常的专业呀,先给大家点个赞"。

如此这般,一举多得,听众既觉得很受重视、被尊重,你也不那么紧张啦。

还记得一次到成飞公司授课,走进教室我就和第三排的一个女生聊了起来,后面上课,我感到全场的氛围都被她带动起来了,毕竟全班100多人,女生没几个,"擒贼先擒王",古人诚不我欺。

5. 提问转移

如果说上面这招是"阴谋",那么接下来这招是"损招儿"。

我们什么时候会紧张呢?讲话时、被人看着时。我们什么时候不会紧张呢?看别人讲话时。

那么这个"损招儿",损的就是被你提问的人。

当你紧张过度甚至忘词的时候,你不妨针对一个人或者一群人提个问,这样全场的注意力自然转移到对方身上去了,轮到他或他们紧张了。

"我们说应对紧张有9种方法,刚刚我们讲到了找好伙伴法(哎呀,接下来该讲什么了,我是谁,我在哪里……),我们不着急往下讲,想请问有没有哪位伙伴,对此有一些经验,或者有些感受,想分享一下?(等一等,我想想之后的内容是什么来着……)谢谢,我们掌声有请这位举手的朋友发言。"

听说歌手演出时，忘了歌词，会大手一挥，将话筒指向粉丝，"我们一起唱……"。你是个不唱歌的歌手呀！

6. 法无定法

缓解紧张，别人一般会告诉你多熟悉讲稿，做到胸有成竹。我要告诉你，记不住也没关系，因为招无定式。

我们紧张，很多时候来自怕忘词的心理。但是，忘了词又怎样呢？听众又不知道你的讲稿。

新手一般是亦步亦趋、循规蹈矩，高手则是招无定式、见招拆招。

因此，忘词没关系，你想到什么就真诚分享什么就好，甚至有点儿紧张也坦诚地告诉对方。

你不要担心因为你信马由缰，听众会笑话你。其实，即使你字斟句酌、一字不差，对方可能依然也很迷糊。

我一说，你就懂，是要看缘分的。缘分不到，紧张也没用。

7. 真诚送礼

上面调整了底层信念"我一定要全文记住"后，是不是觉得上台更容易、更轻松了？

还有一个信念需要转换，就是从"我要征服/说服/打动/影响听众"到"我要送听众一个礼物"。没人不喜欢礼物，即使有，那也不是因为礼物不好，只是对方不喜欢这个礼物而已，而你已经做到真诚分享自己的所见、所闻、所思、所感，你问心无愧了。

8. 觉察卓越

你有何优势呢？没有十全十美的人，也没有一无是处的人，即使有一无是处的人，那"一无是处"也算是很大的特点，还真不容易做到平庸得那么平均和平衡呢。那么，我们要做的就是看见自己的优点。

无论听众怎么看你，别人的看法都不会改变你的本性，最多因为你过度关注他人意见而影响自己的想法而已。想法不等于事实。

打个比方，我身边所有人都说我是世界上最帅的男人，我也自信地这样认为，但这不代表我就是世界上最帅的男人。

那么我们要自信一点儿，你可以在朋友圈发布一条消息，请身边的好朋友说出你身上的3个优点。每次上场前，告诉自己无论听众喜欢自己与否，你都是优秀的人。每次下场后对自己说，"我就是我，不一样的烟火"。

相信你一定会更加自信起来。

9. 练习、练习、再练习

最后给大家分享一招儿：最简单又最困难的方法，就是练习。

我还记得2017年参加好讲师决赛，前一天是各分赛区的演练和辅导，结束时大家都带着满意的点评反馈纷纷离开。这时，有一个人快步走到我们教室前面，开始喃喃自语起来，他不是我们分赛区的选手，也不是评委或工作人员，显然他正在演练。我好奇地与他攀谈，才发现他是参赛的飞行员，正在不同教室演练他明天的课程。第二天穿着帅气飞行服的他，取得了他们分赛区的第一名，这可是几万名选手中的前10名荣誉呀。

他并非以此谋生的专业选手，可能接触培训也不久，为何能有如此好成绩呢？显然是他不断地上台。无他，唯手熟尔！

我的经验是只要熟悉了内容，你就避免了忘词以及因此带来的紧张。一般10分钟以内的演讲，如果练习15遍，就能脱稿流畅地表达了，甚至时长分秒不差。

你可以事前模拟，邀请观众给你反馈；你也可以录制视频，自己观看并进行3次反馈，第一次关掉声音只看画面，第二次只听声音，

第三次看全部视频。

你也可以提前到场，走一走、瞧一瞧，把开场和结尾的关键桥段，来几次走场，感受下现场氛围。

是不是很简单呢？不过，我觉得又是最困难的，因为简单而被人看不起，或者看得起却又不能做到，做得到又不能坚持。其实很多时候一般人和高手最初的区别，就在于此。

以上就是帮助你接纳紧张的 9 个认知。

一次，爱彼迎 CEO 布莱恩·切斯基和亚马逊创始人杰夫·贝佐斯坐下来聊天，两个人谈到了他们共同的偶像巴菲特。切斯基问贝佐斯："你觉得巴菲特给过你最好的建议是什么？"

贝佐斯说："一次，我问巴菲特：'你的投资理念非常简单，而且你是世界上第二有钱的人……为什么大家不直接复制你的做法？'巴菲特说：'因为没有人愿意慢慢地变富。'"

祝你愿意慢慢地变强，慢慢地拥抱紧张。

工具 16：接纳紧张表

（请阅读完本节后，完善以下表单）

要素	问题	举例	我的答案
正确认知	心跳加速等积极准备信号，能够如何帮助我释放爆发力	对于"紧张"，我已经能正确地理解为它是一种××信号 我将会这样做： 1. 通过走动，缓解抖动 2. 提前到场地，熟悉环境 ……	
习惯眼神			
扩展肢体			
找好伙伴	我如何从好朋友身上获取支持与力量	1. 请好友现场鼓掌 2. 提前和前排观众聊聊 ……	
提问转移			
法无定法			

（续）

要素	问题	举例	我的答案
真诚送礼			
觉察卓越			
练习、练习、再练习	我已经提前真实模拟了 15 遍以上，或者脱稿也能脱口而出了吗	我的练习次数是_____	

二、呈现：锻造自信讲师范儿的 7 个维度

> 信不信由你，有四种方式，而且只有四种，使我们与世界发生接触。我们以这四种接触而为人所评量、所归类：我们做什么，我们看起来是什么样子，我们说些什么，以及我们怎么说。
>
> ——卡耐基，《语言的突破》

自信讲师七度 = 眼神自信度 + 表情匹配度 + 声音起伏度 + 形象专业度 + 手势开放度 + 站姿挺拔度 + 走动感染度

外表重要，还是内在重要？

我原来认为这是仁者见仁、智者见智的选择题，但现在我认为它是一道一定要争取得分的必答题。

2014 年之前，我对自己的外表很不重视，每天都穿工厂工服，上班穿、下班也穿，头发也在"中老年之友"的理发店搞定。但有一天看到一句话，让我很震撼，"没有人愿意透过你邋遢的外表去了解你的内在"！于是，之后我换了发型，抛弃了厂服。虽然现在也很随意，比如不出门就不剃胡子，但已经对自己有了很多要求。毕竟虽然转角不会遇到白马王子，但可能会遇到粉丝。

这样说来，我一直不太重视的演讲的肢体动作等，也是一种很重

要的外在,而且有些内在会透过外在被捕捉到。

内训师不需要像职业培训师那样过多关注演绎,因为我们是授课,不是演讲,让学员更优秀比让自己看起来很优秀更重要。但是,如果我们可以用较少的练习让自己看起来比较专业,也未尝不是好的投资。

如果你的课程是你真诚送出的一个礼物,那演绎就是礼物的包装了。外在演绎这个包装可以分为7个方面,从头到脚,可以分为眼神、表情、声音、形象、手势、站姿与走动,这就是自信讲师七度(7个维度)演绎(见图6-2)。

图 6-2 自信讲师七度演绎

1. 眼神自信度

不要仅用 PPT 和你的话与学员沟通,眉目传情也是现场感的重要组成部分。不然为什么要现场听你演讲呢? PPT 或稿件发到手机上看不是更快吗?

开场前和走上台的第一时间,关爱第一排的评委、领导,如果有的话。之后分区域,盯着其中每个区域里面最漂亮的人看,不对,是和你呼应最多的人,"谁在看你,你看谁"原则。

下场前一直保持眼神交流,能让你接收到听众的反馈信息,看到点头和眼神认真,你知道听众在跟随认同;看到歪头、眼神上瞟,表示对方在思考或者感到疑惑;看到他们全都在埋头玩手机……不太可能，他们中总有一两个是你的知己。

要不停地轮换注视听众，如果超过10秒一直盯着某个人，对方心里肯定发毛，或者觉得被骚扰了。为了照顾全场，你可以选取左、中、右，前、中、后几个区域的某几位学员作为锚点，在讲解时周期性地注视过去，并停留一段时间，比如两三秒等。对着他讲话，就像全场只剩下他和你。

边讲边看他的什么位置呢？我们可以根据关系亲疏和距离远近灵活调整。比如，如果距离3米以内，关系较亲密，我们可以看他的鼻子乃至眼睛；如果距离3米之外或者较为陌生，就看肩膀和头部组成的大三角。

总之，当你逐渐习惯于直视听众，听众就会从你的眼神里感受到真诚与自信。

2. 表情匹配度

表情要匹配内容。不知道你是否看过周星驰在《喜剧之王》里生孩子的那段表演，向他学学演员的修养吧。别像有的人，看到别人遭遇车祸，他依然微笑。

一般情况下，面带微笑是标配方案，你对别人笑，自然别人对你笑。

有种办法是说"瘾"（yǐn）时，表情就能展现出类似笑的样子，治本的办法是储存几个人生中开心事件，笑不出来的时候回忆一下。

3. 声音起伏度

如果你能跟着新闻联播学普通话自然很好，如果没有，你至少在讲故事时要能做到抑扬顿挫。因为对于内敛的伙伴来说，一惊一乍的表达实在罕见，我们是很稳重的。

那么如何做到自然起伏呢？其实故事中就匹配着声音，比如一般情况下，故事会按照"从前、波折、师傅、努力、成功"的结构展开，你就可以对应在"以前"时用画外音娓娓道来,到"波折"时投入情感用低沉的声音做焦急之感,当主人公遇到"师傅"、找到方法时因兴奋而语调上扬、手舞足蹈,"努力"过程中要加快语速,就如他渐入佳境,最后描述"成功"时要表现得心满意足。

"嗯……"

"还有呢……"

"哦,对的对的,就是要觉察自己的哼哈词,然后呢,就是不必要的赘词,嗯,对的对的。"

刚刚说了几个哼哈词?你找一找。有条件的话,可以模仿思碰头马演讲俱乐部例会里的角色设置,请他人担任哼哈官、时间官、语法官等角色,给你从"语气赘词、时间把控、语言表达"等方面反馈;没条件的话就自拍视频,回看时你才会发现"不识表达真面目,只缘身在表达中"。

4. 形象专业度

请你猜一猜,图6-3中哪些人是职业培训师。

图6-3 你猜谁是培训师

你可能一眼望过去觉得4和6是,但其实除了颁聘书的领导7之外都是培训师,那为什么你会没猜到其他人也是呢?

因为他们没穿职业装。

你看起来像什么，你就会被人当成什么。你看牙膏的广告，演员是穿着大夫的服装演的。

因此，打造讲师范儿最速成的投资就是穿职业装，穿得就像一个高分培训师。高分，体现在两点：

（1）出门就高分。记得参加中国好讲师决赛时，在辅导群里有建议，让我们从步入会场甚至从下飞机的那一刻开始就要穿正装，因为你不知道什么时候会遇见评委或同行，第一印象很重要。无论你多么有内涵，第一次见面对方都会从你的外表开始打量。

（2）匹配才高分。是不是只能穿职业装呢？不一定，最好和课程匹配。还是举中国好讲师决赛的例子，很多选手选择了跟授课内容甚至所属地区或所属行业匹配的服装，比如，飞行员和空姐穿制服，少数民族地区穿民族服装，安全课程加上了安全反光背心。

5. 手势开放度

平时多看一些优秀的演讲视频，观察那些演讲高手的肢体动作，看他们是如何配合语言来用肢体动作进行表达的。经典的如乔布斯的V字形手势。

为什么我们公众表达时要有手势？平时几个人之间说话，为什么手势又不重要呢？因为距离与对象不同。距离远、对象多，就自然需要带动。放大你的肢体，简单说，手部放在躯干范围外，配合你的表达内容表现出来。你回忆下万人演唱会上明星在台上连蹦带跳，动作张扬奔放，就更容易理解了。

手势做出去，大气、稳定有力，保持一定时间，这样才显得威力大。手势不宜切换过快，否则别人搞不懂你是在培训，还是在打拳击。

小时候指甲向外，方便老师检查修剪，而现在演讲时掌心打开向外，更自信，也更方便随时接受粉丝递上鲜花（肯定有这个可能性吧）。

如果你还是不知道怎么安放双手？幸好我们还有麦克风和遥控笔。

如何拿麦克风？单手拿话筒下部，太靠上面的话，会像在 KTV 唱歌。话筒与地面垂直或略有夹角，否则真的像在唱歌。新手就将话筒头靠在下巴上，不然拿着这个重东西，不自觉会越放越低。但高度不要超过嘴唇，不然会挡住你漂亮的嘴巴，这样同时也避免了喷麦、呼吸气息传进话筒的情况。

如何拿遥控笔？使用时拿在另一只手上，不用时可以用拿话筒手的一根手指钩住。

6. 站姿挺拔度

站如松。要像 45 米高的加勒比松扎根大地一样，充满了力量。站时两脚并拢，或者略窄于肩宽，全身重心放在两腿之间。这样学员再大的气场，也不会"吹得你左摇右摆"。

7. 走动感染度

行如风。每隔一段时间走动一下，让现场的所有人都能感受到你的气场，甚至能进行学员行为管理。遇到台下有人窃窃私语，你可以走到他身边，边讲边暗示他。

走动的时候可以先从中央开始，然后左边停留一会儿，右边停留一会儿，最后再回到中央结束演讲。你甚至可以和你的内容视觉化关联起来。比如，你演讲"成功三大要素"，不妨在舞台左边设想一个胆，中间一颗心，右边你的脸。演讲时，站在左边讲成功要胆子大，走到中间讲成功还要心细，最后走到右边，拿出你的二维码说："《学习的答案》，了解一下？"

说完这 7 个呈现维度后，我们如何用一个基本功串联练习呢？

我们可以刻意保持如下姿态：微笑，左手执麦、右手呈 V 形自然打开，身体为轴，转向左边，直视你设置好的左边物品，"左边的朋友,大家早上好",然后转向右边,直视你设置好的右边物品,"右边的朋友,大家下午好"。习惯之后,你会发现良好的姿态潜移默化地成为你的潜意识习惯了。

当然,就如上一节的建议,我们要多练,无论是私下模拟还是实际授课。然后请他人反馈,或者自己录下来,事后看视频复盘。

关于自信讲师范儿的七度呈现,我们就简单说到这里,别人是先看见了你的颜值,然后才听到了你的"言值"。如果你多通过自己喜欢的电视节目去关注主持人的呈现,相信你的颜值会越来越高,也会在台上越来越来自如,越来越自信。

工具17:自信讲师七度演绎表

(请阅读完本节后,完善以下表单)

要素	细节	我的准备
眼神	与学员进行眼神交流	
表情		
声音		
形象	服饰、妆容……	
手势	大:大方,适当的手部动作 稳:手势不宜随意摆放,要稳定、有力度 慢:手势切换不宜过快 ……	
站姿		
走动		

三、即兴:拥抱不确定性的 Yes and

> 未来属于不按套路出牌的人、向前看而不是向后看的人、只对不确定性有把握的人、有能力和信心以完全不同的方式思考的人。
>
> ——萧伯纳

拥抱不确定性 =Yes+and

- Yes：接纳一切的发生。
- and：利用一切的发生。

直到这里，整本书都是以培训师的视角展开，但既然我们是为了提升学员绩效而展开培训的，那么我们的关注中心更应该是学员本身。这样切换了视角，我们就能有新的思考，不是我们要采用什么培训方式，而是学员当下是什么状态，你要和他们一起走向什么状态。

就让我们来到课堂，如果你遇到以下这些情况，你会怎么做？

比如，学员的手机不时响动，有人迟到还进进出出，学员走神、窃窃私语或打瞌睡；当你邀请一个学员发言时，他跑题万里；当你倾囊相授时，台下学员却不以为然，反而调侃、开玩笑甚至直接反对你的观点，不屑一顾。

相信这时你头都有以往两个大了。怎么管理你的学员呢？我来告诉你一个简单的方法，那就是别管。

对的，你没听错。为什么别管？因为很多时候越管越会出事。人喜欢被管吗？不喜欢。

当然，这里的别管指的是别对抗、别强迫，我们不要成为课程秩序的法官，而要成为陪伴学员成长的朋友。具体地说，就是接纳当下发生的一切，将其转念为好事，适度加以引导。

1. 迷茫，或者对自己没信心

当我们观察到学员的表情为迷茫时，我们就需要细致讲一讲知识点，或者举个例子，或者请他提问题。

对于没信心的学员，我们要多对他们的课堂投入和正向行为进行称赞，分享以往的授课成果，让他们感知到只要努力参与，就一定会有收获。

2. 干扰：手机响，迟到、进进出出

每个人都有自己习惯的听课方式，在没有过多影响听课的情况下，你可以留给学员一定的自由度，不去管控。你也可以如此说来营造和谐的氛围："我注意到大家时不时有工作电话，很感谢大家百忙之中抽空来参加培训。为了不耽误大家的工作，请设置静音后外出接听电话。"如果干扰确实太严重，就得让培训经理来管控，或者课前一起制定课堂规则来约束了。

3. 走神：瞌睡、窃窃私语、不参与

每个人都有困的时候，尤其午饭后，那么这时候从教学设计的角度，可以安排角色扮演等活动。个别人小困的话，就让他睡会儿也好，等下他的精力会更加集中。

有人窃窃私语时，你可以在讲授中不经意地走到他身边，或者提问他身边的学员，这样去温柔地提醒。在课堂休息时，可以私下问问其中的原因，也许学员有自己的观点，或者更想听其他章节。

对于不参与课堂的学员，可以通过设置小组讨论规则，让人人参与，并且要求学员间不打断、不评论，这样他们就会逐渐打开话匣子。

4. 跑题：答错题、调侃

每个人都有表达自己的需要，在不影响课堂节奏的情况下，不如让他们自由表达，你耐心听完后，进行概括总结，并引回到课堂内容。如果学员发言过于冗长无重点，则可以请大家先写下来再回答，或者用填空式提问："如果分享一点，那么你的观点是什么？为什么你这样说呢？"或者采用"停车场"的方法，也就是将他的问题书写在白板或白纸上，告知大家我们下课将单独讨论这个特殊问题，然后回到正题。

即使学员问答错误，你也可以赞赏他的发言，"你的思路很特别，感谢你的贡献"。

对于学员的调侃或打岔，你可以回复一句"谢谢你的幽默，让大家听课不那么枯燥"。

5. 反对：抱怨、抢答

每个人都想要被尊重、被赞美，也都有正向的意愿。课上我们要营造交流的氛围，而不是搞一言堂，非得分清所谓的对错。很多时候你仔细聆听对方的表述，然后说"感谢你的分享和贡献，你的观点是……谢谢特别的你"就可以了。

如果是原则性的问题，你也可以将问题抛给大家，看大家的意见。比如，有人说，"最近太累了，干脆直接下课，我们看资料就得了"，这时你就可以对着所有人，"大家觉得这样可以吗？愿意的，举手示意下"。一般来说，群众的眼睛是雪亮的，不会走极端。

对于抢着发言的学员，要肯定其专业度和积极性。

刚刚罗列了常见的一些课堂状况，然而课堂人数上百，学员形形色色，课堂上会发生的事情谁也没办法预料。因此我们就需要有一个温暖、自由的原则，作为我们的定心丸，这样我们上课就更有底气也更灵动了，那就是 Yes and 原则。

它来自时下特别流行的一种艺术形式——即兴戏剧。即兴意味着要随机应变，无论发生什么，都先 Yes（接纳），再 and （应变）。这就是 Yes and（见图 6-4）。

图 6-4　Yes and 的含义

比如，无论学员怎么说，你都先认可对方——"Yes（是的）"，然后再给出建设性信息——"and（同时）"，将对方的力量导向课程的方向。举个例子，学员站起来说："你没有上次的老师讲得好。"我们最好不直接说 No，"我觉得我讲得还不错，你有什么资格这样说"，而是先说 Yes，"谢谢你坦率地发言，我相信上次的老师一定有一些优点打动了你，那是什么呢？"等学员回答完，你再说 Yes，"谢谢你，为我们课堂贡献了你的学习智慧，相信大家都能更好地实现课程目标了"，最后在说 and。看你是否能将 Yes and 借鉴到讲授中去。

这里我不想展开谈一些干货、方法，还是请我的好朋友、麻辣即兴合伙人，从曾经抑郁的全职妈妈转型成天天传播积极人生态度的幸福教练安娜，来分享她看见的三个拥抱不确定性的故事。

第一个故事："听不懂"的好课

一次，我去参与学习"教育 3.0"的体验营，它设在昆山市一个美丽的小村庄，周围有河流、麦田，我们实践的地方是一个叫作锦溪的千年水乡。老师是创新教育界的大咖顾远和周贤，老师精心设计的课程、优美动人的自然环境、伙伴们高涨的学习热情，让我全然投入其中。在结束时，大家自然而然地真情流露，探讨了这几天的学习收获。

一位学员这时开口说话了，她说刚来这里时的感觉是崩溃的，因为她并非教育创业者，也从未接触过创新教育理念，这几天学习的内容对她来说信息量很大。看着老师到处张贴的教育"黑话"，听着同学们说话像连珠炮似的，她完全跟不上大家的节奏，别说参与讨论了，她甚至连大家在说什么都听不懂，一时间感到很自卑和沮丧。

但是随着学习的进行，她逐渐感受到了这里独特的氛围。老师组织的学习任务都非常平等、开放，同学之间的讨论也包容且自由，甚至在学习设计中还有专门以人的状态为核心关注点的角色设置……

在这样的氛围中，她渐渐感觉到自己是被抱持的，即便理论懂得不多，也可以用身体、感受来学习，在共学的氛围中吸收着营养来学习，甚至还可以自己发起话题来学习。这样自由的学习氛围深深感动了她，她表示未来会继续参加这样神奇的学习之旅。

第二个故事：不确定性的泪水

在北京的一次即兴戏剧学习营中，教师团队很用心，给每一天的学习都设计了各种卡片，让大家记录自己的收获、疑惑和感想，还专门开辟了一个墙面空间，设计了一个"张力池"，让大家把期待与现实中的不同，并且让自己不舒服的事情写下来，贴上去，晚上下课时集中来解决。

第一天下课时，反馈就纷至沓来。我学习过多种形式的戏剧，我知道这样的学习是随场域而改变的，很多课程只有一个目标和大致的框架，具体内容是依靠现场的反应，以及学员的共创来实现的。但是，第一次接触即兴戏剧或非常理性的学习者会觉得难以理解，他们希望一开始就获得一份清晰的地图——我们这几天究竟学什么、怎么学，我能收获什么，它到底带给我什么价值。

老师耐心地解答各位同学的问题，由于氛围非常自由，在解答过程中还允许同学们发散思维和讨论，使得问题还没回答完时间已经过去了一个半小时。快到最后了才轮到一位校长提问，她恰是非常重视逻辑框架、理性思考和确定性的人，看得出来她已经有些情绪了，希望老师能给予一个明确的答复。然而，关于她提出的那些问题，很多都需要自己体验而没有固定的答案，老师表示很多东西无法转化成"确定的"答案，可是她并不满足这样的回答。

突然，老师接到一个电话，并忍不住哭了起来。原来当天是她妈妈的生日，她没能及时赶回家给妈妈过生日，而是留下来依次解答同学们的问题。就在她落泪的那一刻，打动了在场的很多人，那些理性的同学似乎被触动了。那一刻我在想，也许有些问题是无法用理智来解决的，我们的学习有时发生在真实的人与人的联结之间。后来，双方都对讨论的问题采取了一些行动，教师团队很快在群里更新了更详细的课程大纲，而学员们也学会以更开放的态度接受不确定性的安排。

全部课程结束的时候，我分明看到那位校长相较第一天的样子柔软了许多，她在台上表演时的神态像极了一个笨拙又开心的孩子。听说，她还把老师的团队请到了她们远在山东的学校，给老师和孩子们上课。

第三个故事：真实的流动

一次，我们在成都华德福学校给全日制学员上即兴戏剧课，课前我们会调研大家对于课程的期待，大部分学员的答案都是打开自己、认识更多同学、体验戏剧的魅力等，但有一位学员很特别地写道，"（课程）节奏组织清晰严密、高效可控（先决前提，非常重要！！！）"。当我们收到这个调研的时候，就马上联系了她，想了解为什么她很在意这条，她的回复是，她认为这是好课程的先决条件。我们清楚地知道，即兴课堂里讲究的是流动，"清晰严密、高效可控"也许不是我们追求的目标，也很难达到。

开课第一天的课上，我的搭档船长不时地与那位学员确认，是否符合她的期待，想尽可能满足她的需求。当天晚上，那位学员给船长发了长长的一段文字，探讨课堂上发生的事情，一来她表示频繁地被点名很尴尬，二来她也对课堂营造热烈氛围提出了疑问。

第二天，船长并没有直接开始上课，而是就他们昨天晚上沟通的内容和全班同学做了及时透明的沟通。一开始，他直接抛出问题，似乎有一个矛盾就这样在同学面前展开了，课堂气氛变得凝重起来。但当他真实、坦诚地表达出他的想法，以及不带评判地回应这位同学的想法时，真正的交流发生了。这位同学也从一开始尴尬的姿态转变为投入，开始站起来讲述她的想法。这一来一回中，不光两位当事人，而且在场的所有人的心都打开了。大家也更明白了即兴戏剧的精神之一——也许是时候该摊牌了（put everything on the table）的意义。

后来的课程进展得很顺利，因为大家更深入理解彼此，信任更深，也就更容易投入共同的目标中。这位学员在毕业表演的舞台上表现得格外积极，在反馈和分享中也总能有感而发。这是我看到的允许真实表达发生的力量。

以上是发生在安娜身边的真实故事。相信大家对拥抱不确定性的课堂有了更深的体验。总之，你面对的是一群活生生的人，和他们一起起舞吧，而不是按照既定课程流程约束他们，只要 Yes and，无论遇到什么样的学员，都可能变成你的"课托"，每个插曲都会成为嘉许你的礼物。只要你用上 Yes and，你最终会发现，"凡事皆有因果，皆有助于我"。

结　语

我们的课程开发之旅来到了终点，本书中我们从培训的定义出发，历经目标、组织、内容、教学、辅助和演绎6个里程碑，陪伴大家一路打造属于你自己的课程。

一首打油诗送给大家：明确目标是开端，协调组织是靠山，访谈内容抓标杆，科学教学烹饪大餐，速成辅助变简单，接纳演绎人人欢。过程中哪3个知识点打动了你？你又完成了哪些行动？

最后我想介绍《徒手攀登》这部电影给大家，该片为2019年奥斯卡最佳纪录长片。很多人看到中途就暂停下来，不是因为太枯燥乏味，而是去上网搜索主人公亚历克斯·霍诺德（Alex Honnold）死了吗？影片里记录了他在2017年6月3日，无辅助徒手攀登美国约塞米蒂国家公园3000英尺（约914米）高的酋长石（El Capitan）的全过程。

听听这些关键词：没有任何保护、3小时56分、徒手、比中国最高建筑——上海中心大厦（高632米）还高近一半、几乎90°的立面。

如果你还没太大感觉，看看之前的纪录：2014年，两个登山者，绑了安全绳，吃睡都在悬挂的帐篷里，经过19天的艰苦努力，才成功登顶。

对比下，是不是后者太弱了？

霍诺德为何敢做出如此疯狂的事情？

他说："风险和后果是两回事。徒手攀岩的风险很低，只是后果很严重。"就像我曾经购买过煤气保险,因为我觉得一旦发生泄漏和爆炸,后果太严重了。但后来细细一想,其实只要做好简单的"开火不离人,异味要警惕",发生风险的概率是很低的。

攀岩也是这样。霍诺德为了徒手攀登酋长岩,花了多长时间准备呢?不是几天,也不是几个月,而是 8 年。

在这 8 年的时间里,他在不同的条件下练习攀岩。光酋长岩,他就带着绳子爬过将近 60 次,一遍一遍地考察路线。每次攀岩回来,第一件事就是记笔记。岩石上哪个地方有微小的凸起可以借力,哪个地方手和脚应该怎么配合,他都熟记在心、倒背如流。甚至攀登成功后,他又会回到那辆随时可以停靠在悬崖边上的"老伙计"房车里,进行日常的引体向上练习,而一吊就是一个小时以上。

你知道我要表达什么吗?你不用知道,你只需要再次站上台,再次把自己发现的一切与自己作为礼物分享给听众,就可以了。

永不止步,永远拥抱下一次!

致　谢

培训是我与你的关系，而不是老师与课件的关系。谢谢你选择了这本书，让我们有了联结。

好的培训是陪伴，而不是方案。感谢你看到这里，陪伴我走到这里。

感谢雅文。2021年是蜕变的一年，我们在学着深潜下去，找寻自己童年的碎片和与对方拼接的方式，我相信我们之后会飞得更高。谢谢你陪我，未来我也会好好陪你，成为一个有趣的人，而不是正确的人。

感谢徐怀蓉、魏成萍、何忠明、张文斌。看到爸妈们陪伴笑笑学写字、学规则，耐心接纳他的负面情绪，为他提供可口营养的饭菜，接送他上幼儿园……我似乎看到了我是如何长大到今天的，好不容易。向你们学习，我也要成为你们这样的家长。

感谢笑笑。谢谢你选择了我成为你的父亲，也给了我成长的机会。在这里与你拉钩，我会努力做得更好。我也知道你是个特别的孩子，就和我当年一样，希望你有什么烦恼都和我说，我们一起度过。

感谢各位伯乐、领导、老师、好友们，你们为本书写推荐语、写推荐文章，在专业和人生道路上你们是我的明灯，书里各处都散发着你们智慧的余香。

感谢"魔方好课研究项目专家委员会"的各位老师，你们的专业给了我很多指点和启发，字里行间都是你们的智慧。

感谢《培训》杂志副主编、创始人常亚红先生的引荐和赏识，得以与机械工业出版社携手出版本书。

感谢 51Coach 智遇陈序老师、十七老师和许照徐老师提供支持。

由衷感谢所有人！祝愿我们未来更好地成为更好的自己！

参考文献

[1] 柯维.高效能人士的七个习惯[M].高新勇,王亦兵,葛雪蕾,译.北京:中国青年出版社,2002.

[2] 何平.学习的答案:为终身学习者赋能[M].北京:电子工业出版社,2019.

[3] 杰克·韦尔奇,苏茜·韦尔奇.赢[M].余江,译.北京:中信出版社,2005.

[4] 田俊国.上接战略 下接绩效:培训就该这样搞[M].北京:北京联合出版公司,2013.

[5] 奇普·希思,丹·希思.瞬变:让改变轻松起来的9个方法[M].姜奕晖,译.北京:中信出版社,2014.

[6] 赵周.这样读书就够了[M].北京:中央广播电视大学出版社,2012.

[7] 明托.金字塔原理[M].汪洱,高愉,译.海口:南海出版公司,2010.

[8] 斯托洛维奇,吉普斯.交互式培训:让学习过程变得积极愉悦的成人培训新方法[M].派力,译.北京:企业管理出版社,2012.

[9] 库伯.体验学习:让体验成为学习和发展的源泉[M].王灿明,朱水萍,等译.上海:华东师范大学出版社,2008.

[10] 惠特默.高绩效教练:第5版[M].徐中,姜瑞,佛影,译.北京:机械工业出版社,2018.